Bittere Ernte im Gelobten Land

Mythen, Geschichte und Konflikt

Inge Künkler Etzbach

I0447834

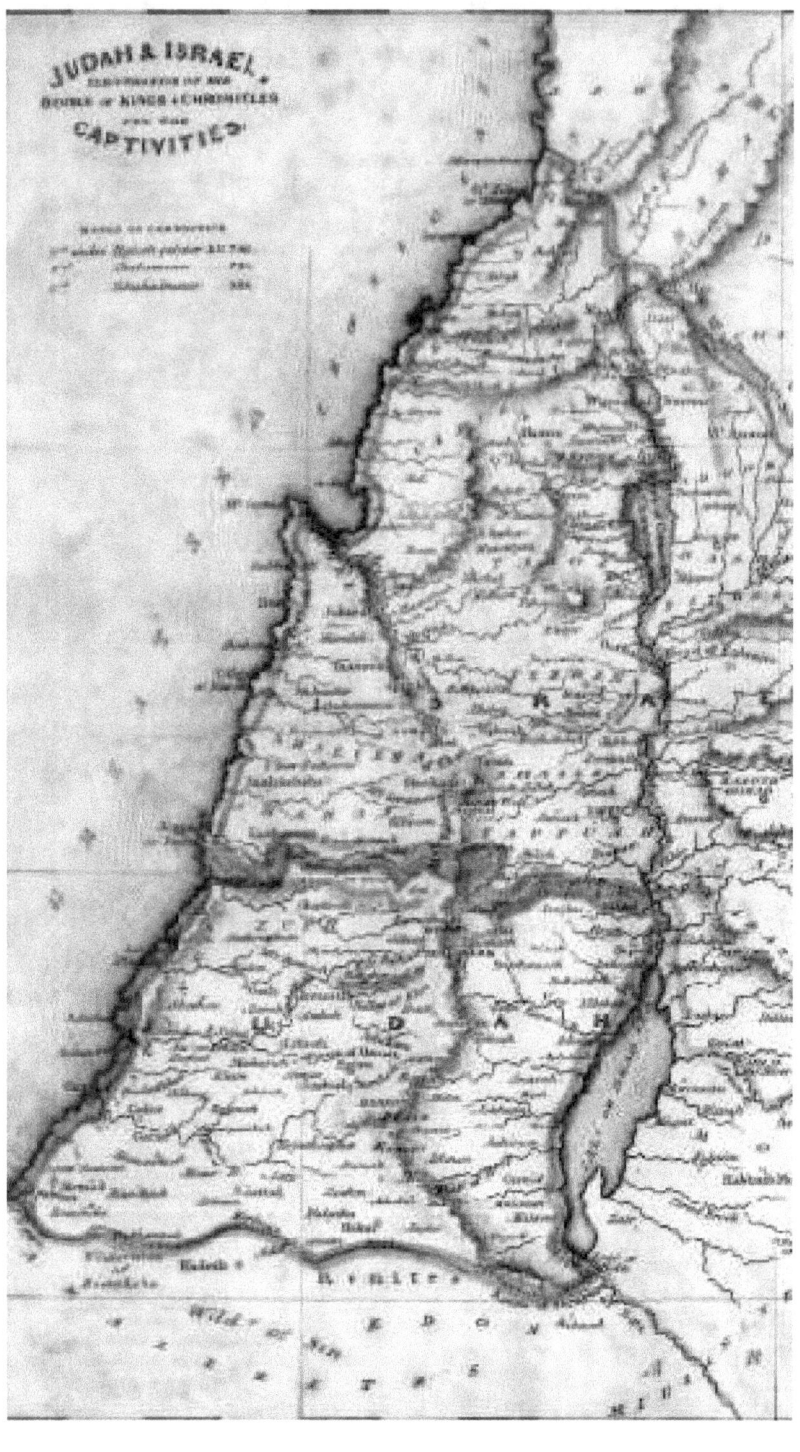

Bittere Ernte im Gelobten Land

Mythen, Geschichte und Konflikt

Inge Künkler Etzbach

Bittere Ernte im Gelobten Land
Mythen, Geschichte und Konflikt
Inge Künkler Etzbach

Teilweise übersetzt aus dem Englischen von Andrea Rempe, Köln, Deutschland

Titel des Buches in englischer Sprache: In the Land of Milk and Honey – The Struggle in the Jewish Soul

ISBN-13: 978-1480065062

ISBN-10: 1480065064

Gedruckt in den Vereinigten Staaten von Amerika

Almvillabooks

Webseite: www.almvillabooks.weebly.com

e-mail: almvillabooks@gmail.com

$ 12.95

Bisher veröffentlicht:

Reflections at Sundown

Looking back at what really mattered

Growing up before Yesterday

Memory of a Time Gone with the Wind

Beyond Truth

Collections of Essays and Observations

Ishmael and Isaac in the Promised Land

Myths, History and Conflict

In the Land of Milk and Honey

The Struggle in the Jewish Soul

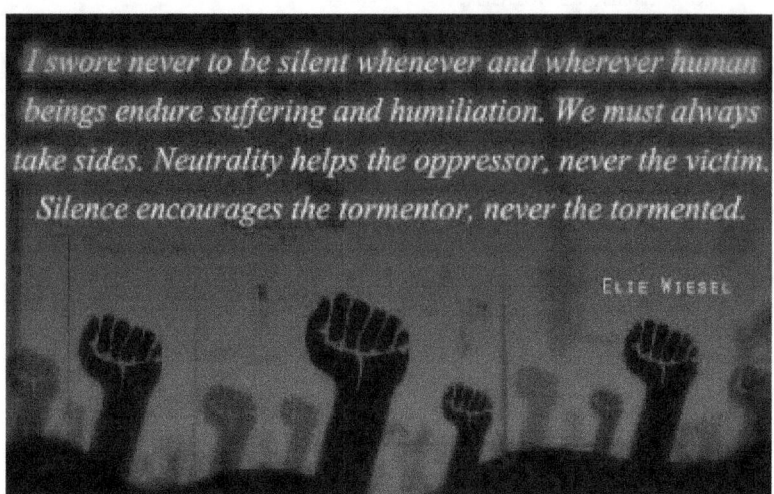

Elie Wiesel:

Ich schwor, niemals zu schweigen, wenn – einerlei wann und wo – Menschen Leiden und Demütigungen zu ertragen haben. Wir müssen immer Partei ergreifen. Neutralität hilft dem Unterdrücker, niemals dem Opfer. Schweigen ermutigt den Peiniger, niemals den Gepeinigten.

Widmung

Für alle, die ihre leidenschaftliche Sehnsucht nach Aufrichtigkeit in der Welt dafür einsetzen, Gerechtigkeit für alle Menschen zu schaffen.

*

Dank an meine Tochter, Rev. Stefanie Etzbach-Dale, Marjorie Wright, Ricky Bernstein, Lisa Sheble, Anne Landsfield, Jan Hutchison, und Fanny Prizant, die das Originalmanuskript lasen und mich mit Rat und Ermutigung unterstützten, und an Christiane Marks für ihr Interesse an dem Stoff und ihrer wertvollen Hilfe bei der deutschen Übersetzung.

CONTENTS

VORWORT

Dieses Buch ist das Ergebnis einer außergewöhnlichen, lebenslangen Obsession: meine tiefe Traurigkeit über das vom Holocaust verursachte Leid, mein Mitgefühl für seine Opfer – jüdisch und später palästinensisch – meine Liebe zu dem Land, herb und schön und voller Spuren menschlicher Geschichte und Kämpfe. Ich empfand den starken Wunsch, die Gründe, die Mächte, den unvermeidlichen Fluss der Geschichte zu finden, sowie die Folgen von Ehrlichkeit, von Glauben und von menschlichem Versagen. All dies führt uns zu der Tragödie, der wir heute gegenüberstehen. Das Buch zeigt auch den Einfluss der prophetischen Worte jener Menschen, die versuchen, Möglichkeiten für die Heilung der Wunden ihres Landes und seiner Einwohner zu finden.

Es bestehen zwei verschiedene Gesichtspunkte. Israelis verurteilen Palästinensischen Terrorismus, arabischen Antisemitism, die Weigerung der Araber zu akzeptieren, dass das Land den Israeliten von Gott gegeben wurde, wie in der Bibel beschrieben, und dass es einmal, vor über 2800 Jahren, als ein mächtiges Königreich dem jüdischen Volk gehört hat. Palästinenser dagegen, die seit Menschengedenken Einwohner in dem Land waren, sehen sich selbst als rechtmässige Eigentümer und Anwohner und verurteilen die Besatzung und ihre eigene Ausweisung von dem Land ihrer Vorväter. Sie sehen sich nicht als Terroristen, sondern als Freiheitskämpfer gegen eine ungerechte Besatzung.

Es ist leicht, den Zionismus und die Juden wegen ihres beharrlichen Bestehens auf einen jüdischen Staat zu kritisieren, wegen des Siedlungsbaus auf besetztem Land, wegen der Vertreibung der Palästinenser und wegen der dabei ausgeübten Gewalt. Auch ist es leicht, sie dafür zu tadeln, dass sie für die Welt die Erinnerung an den Holocaust wach halten und Antisemitismus in allen Aktionen und jeder Kritik sehen, während sie ein anderes Volk unterdrücken. Wenn die Hintergründe ihrer Herkunft, ihrer Geschichte und ihrer Weltanschauung verständlich sind, werden vielleicht die Lehren ihrer Religion, die Mythen und die Kultur ihrer Vergangenheit ein besseres Verständnis für ihre prekäre Lage und die schwere Aufgabe, die vor ihnen liegt, vermitteln.

Juden selbst könnten davon profitieren, die Erkenntnisse bedeutender jüdischer Gelehrter kennenzulernen, da hier stillschweigende Annahmen klargestellt werden können. Die Voraussetzung ist unvoreingenommen zu sein.

Mein Dank gilt allen Wissenschaftlern, Bibelgelehrten, politischen Denkern und Schreibern – allen Wahrheitssuchenden – unabhängig vom jeweiligen Standpunkt - die sich im Laufe der Zeit voller Mut diesen Themen gestellt haben, welche mein eigenes intensives Anliegen sind. Es waren ihre Vision, ihr tiefes Verständnis sowie ihre Entdeckungen und Überzeugungen, die mich ermutigten, mich selbst in diesen schwierigen Stoff zu vertiefen. Tausende von Büchern sind darüber geschrieben worden. Ich kann nicht zu jedem einzelnen Punkt Stellung nehmen. Alles, was ich tun kann, ist dem roten Faden zu folgen, der mich auf eine Reise vom späten Eisenalter in Canaan zu der Sammlung mündlicher Geschichten und Mythen führte, danach zur Bibel als Geschichte, letztendlich jedoch zur Schaffung des „Jewish State of Israel" auf fragwürdigem Fundament. Abschließend möchte ich sagen: ich glaube, wir müssen darüber nachdenken, welche Wege es gibt, um die Wunden der Menschen zu heilen, die in dem Land leben, wo Milch und Honig fließen.

Ich hatte niemanden, den ich während der Arbeit an diesem Buch um Rat fragen konnte, so bin allein ich für jeden Fehler, jeden Irrtum, jede Falschauffassung verantwortlich. Es ist unmöglich, alle relevanten Themen und Ideen in einem schmalen Band abzuhandeln. Hierzu wäre eine umfassendere Arbeit nötig. Dieses Buch soll Leser zu anderen, tieferen Quellen führen und zu besserem Verständnis der komplexen Probleme, die in diesem Land herrschen. Nötig hier ist Verstand, Mitleid und eine vorsichtige Abwägung zwischen dem Wunsch der eigenen Seele und der notwendigen Rücksicht auf die Seele der anderen.

MEIN WEG

Als ich zwölf Jahre alt war, erlebte ich die Befreiung eines
Konzentrationslagers durch amerikanische Truppen. Der Anblick
der ausgemergelten Gefangenen in gestreiften Lager-Uniformen
wurde zum bestimmenden Eindruck meines Lebens. Ich war zu
diesem Zeitpunkt ein komplett indoktriniertes Nazi-Kind, gedrillt
in der Schule und zweimal wöchentlich bei Hitler-Jugend-Treffen.
Ich wurde sogar zur Führerin einer Mädchengruppe befördert. Wir
mussten zusammen in Sprechchören "Ich bin nichts – mein Volk

5

ist alles" und "Führer befiehl – wir folgen dir" rufen, und wir grüssten mit erhobenem Arm und hatten die Ideologie aufgesaugt wie jedes politisch gedrillte Kind – ganz egal in welcher Ideologie. Ich, die niemals einen Juden persönlich kennengelernt hatte, hasste alle Juden wie besessen. Und ich hasste mit der gleicher Intensität Russen, Polen, Schwarze, zurückgebliebene Menschen, Behinderte – minderwertiges oder lebensunwertes Leben, wie es genannt wurde.

Aber an diesem Nachmittag stand ich an der Haustür zitternd, weinend, und sah auf den endlosen Strom bedauernswerter Menschheit; Menschen, die kaum gehen konnten und doch andere, noch kränkere stützten – entmenschlichte Wesen, die doch noch so viel Mitleid hatten, sich um andere zu kümmern. Was ich vorher für minderwertiges Leben gehalten hatte, sah ich jetzt als leidende, zusammengebrochene menschliche Wesen, die zu mehr Anstand und Güte fähig waren als irgendjemand, den ich kannte. Und ich schwor, in Zukunft nie und nimmer irgendeine Nachricht zu glauben, ohne sie vorher genau zu prüfen, nie und nimmer einer Doktrin – politisch oder religiös – zu folgen, ohne sicher zu sein, dass sie auf Wahrheit beruht, und dass ich nie und nimmer einem Mann folgen würde, ohne vorab seinen Charakter und seine Überzeugungen äußerst kritisch analysiert zu haben. Der Holocaust, der bestimmende Punkt meines Lebens, weitet meinen Blick auf andere unterdrückte Minitäten aus und deshalb auch auf das Schicksal der Palästinenser. Da ist nicht viel, das ich tun

6

kann, ausser zu versuchen, die Augen anderer Menschen für die tatsächlichen Gegebenheiten zu öffnen, wann immer ich kann. Die zugrundeliegende Ungerechtigkeit der politischen Situation ist der erste Punkt, der humanitäre Aspekt ist der zweite. Das Grauen des Holocausts darf nie wieder den Juden angetan werden, aber auch nicht Menschen irgendeiner anderen religiösen, rassischen, ethnischen oder nationalen Gruppe. Die Wurzeln des Konflikts verlangen nach Aufmerksamkeit.

Ausgehend von meiner Kenntnis des Holocaust, meiner späteren persönlichen Erlebnsse in Israel in einem Kibbutz, als „Volunteer for Israel" in einem israelischen „Army Basislager", wo ich Uzi-Gewehre putzte, und beim Trampen durch das Land vertiefte ich mich immer mehr in seine Geschichte, seine Kultur und das Leben der Menschen. Mir kamen die tieferen politischen Tatsachen der palästinensischen Frage zu Bewusstsein und ich fühlte das brennende Verlangen zu erfahren, warum die Kinder des Holocaust ein anderes Volk mit solch kolonialer Rücksichtslosigkeit und wenig Mitgefühl behandelten.

Viele Jahre lang trug ich die Schuld an dem Holocaust auf meinen Schultern. Auf einer meiner Reisen nach Israel und Palästinien sass ich in einem Café in der Altstadt von Jerusalem und hörte, wie eine Gruppe von Israelis und Amerikanern, augenscheinlich Juden, am Nachbartisch über Araber sprachen. Einer von ihnen sagte: "Man sollte sie alle gegen eine Wand stellen und mit Maschinengewehren niedermähen!" Ich sass an meinem Tisch, eiskalt und erschüttert, und stand schliesslich auf, ging zum anderen Tisch, identifizierte mich als Deutsche und sagte, dass mein Volk getan hatte, was sie hier für Araber vorschlügen, und meinten sie das wirklich? Da war tiefe Stille, und schliesslich entschuldigte sich einer von ihnen und sagte, er hätte es nicht so gemeint und es täte ihm leid. Erst dann wurde mir klar, dass das Böse in den Seelen der Menschen aller Nationen und Religionen lauert, und endlich gelang es mir, den Glauben an einen spezifischen deutschen Charakterfehler aufzugeben. Diese Last wurde ersetzt von der Überzeugung an eine weitreichende, universellere Wahrheit, nämlich die Verantwortung für die ganze Menschheit.

Was sind die Gründe für die augenblickliche Israeli/Palästinensische Krise? Kann man es den Palästinensern übelnehmen, dass sie ihr Land mit allen Mitteln verteidigen? Wussten die Gründer des Zionismus von dem unausweichlichen Konflikt zwischen Juden und es störte sie nicht? Wird das vermeintliche Recht der Juden auf das Land Israel unterminiert durch die archäologischen Entdeckungen in der West Bank, die den Exodus und das Königkeit Davids in Frage stellen? Und was sagen die neuen Erkenntnisse über die Entwicklung der Israeliten und das Gotteskonzept aus – erwecken sie Zweifel an der Bibel, die nicht als Geschichte, sondern als Mythen angesehen werden können?

Ich bin überzeugt, dass die Suche nach pragmatischen Lösungen für politische Probleme immer die ehrliche und offene Untersuchung von verwurzelten Vorstellungsweisen und Weltansichten aller Parteien einschliesst. Ich entschloss mich, die Vermutungen zu hinterfragen, die dem Zionismus und den historischen und biblischen Überzeugungen zugrunde liegen, Annahmen, die jedoch als historische Tatsachen dargestellt werden, zurückgehend auf die Bronzezeit in Canaan and die in Frage gestellt wurden, nachdem biblische Gelehrte und berühmte Archäologen in der Lage waren, die West Bank nach dem Sechs-Tage Krieg 1967 für Grabungen zu betreten.

Nach meinem Aufenthalt auf einem Kibbutz und in einem Armeelager und vielen Übernachtungen in Jugendherbergen, mietete ich mir für die letzte Nacht in Israel ein Zimmer im Intercontinental Hotel auf dem Ölberg in Jerusalem. Mein Zimmer schaute auf die Altstadt Jerusalem hinunter, auf den Tempelberg mit dem golden Dome der Moschee und den Ruinen der City of David. Links konnte ich Bethlehem in der Ferne sehen, und rechts lag die uralte Stadt Jericho. Ich sass am Fenster von Mittag des einen Tages bis zum Mittag des naechsten Tages, durch Sonnenuntergang und Nacht und Sonnenaufgang, waehrend ich die Mythen und historischen Erzählungen des Alten Testamentes von Anfang bis Ende las und mich nicht sattsehen konnte an dem unbeschreiblichen Bild vor meinem Fenster. Viele der Ereignisse, die in der Bibel beschrieben wurden, fanden am Fusse des

9

Ölberges statt. Die Geschichte Israels ist von epischen Proportionen. Macht, Eroberung und Besetzung, Schwäche und Verlust, wechselndes Wachstum und Verfall. Immerwährende Verwandlung zeichnet die Geschichte dieses Landes. Friede regierte nur für kurze Perioden. Dann verschob sich das Gleichgewicht, und Druck von innen oder aussen führte zu einem neuen politischen Arrangement und zu einer neuen vorübergehenden Lösung. Die Altstadt von Jerusalem vor meinem Fenster wurde in historischer Zeit 38 Mal erobert, und jede Eroberung war erschütternd für die Einwohner, unbegreiflich in ihren Auswirkungen. Ist es möglich, dass, gesehen in dem grossen Schwung des historischen Verlaufs, der jüdische Staat von Israel nur eine Episode von vielen anderen, früheren, ist? Während ich von den Ereignissen der vergangenen 4000 Jahre las und die Orte, an denen sie passierten, vor mir sah, konnte ich nicht anders als die Möglichkeit erwägen, dass die augenblickliche Existenz von Israel, wie so viele andere vorher, nur ein Ereignis in einer Kette von Ereignissen ist, die sich von der fernen Vergangenheit bis in die Zukunft hinzieht. Die Zeit wird weiterfliessen und irgendwie, irgendwann, wird das Arrangement selbst mit einer neuen Gefahr konfrontiert werden. Wandlungen, wie Leben und Tod, Wachsen und Verfall, sind die einzigen Festpunkte in dem Verlauf der Geschichte. Alles was wir tun können ist, die Gerechtigkeit zu fördern.

MYTHEN UND AUSLEGUNGEN

Die Bibel als Geschichtsbuch

Seit mehr als 2000 Jahren ist die Bibel Begleiter, Tröster, Erzieher und moralischer Ratgeber der Juden und – in späterer Zeit – der Christen. Sie ist in viele Sprachen übersetzt worden. Sie wurde kopiert, zitiert und von unzähligen Menschen gelesen. Sie wurde in verschiedenen Formaten herausgegeben, verschiedenen Zeiten angepasst und in verschiedenen Ausgaben veröffentlicht. Viele Jahre lang war sie oft das wertvollste Buch, das eine Familie besaß und oft das einzige! Es ist unmöglich ihren Einfluss auch nur zu schätzen. Kriege sind wegen ihres Inhalts geführt worden, - und wegen dessen Interpretationen. Millionen Menschen lebten und starben für dieses Buch, weil es Gottes Wort beinhaltet. Es wurde gerühmt als ein großes Werk der Religion, der Philosophie und auch der Geschichte. Seine Geschichten und Redewendungen durchdringen die Struktur der westlichen Kultur.

Für Juden berichtete sie von ihrer Geschichte und der sicheren Verheißung des Bundes mit Gott, ihrer Kultur, ihrer Feiern, Versprechen und Erwartungen. Für jüdische Menschen bedeutet dies, dass die Thora eingewebt und verflochten mit ihrer Religion, ihrer Geschichte und ihrem Selbstwertgefühl ist. Die hebräische Bibel - die Bibel in Hebräisch - wird als ein Werk von einmaliger und berauschender Schönheit angesehen.

Die Geschichten von Abraham, dem Passahfest, dem Exodus, Moses und dem brennenden Busch, von der Eroberung Jerichos und über das Königreich Davids waren immer und sind noch heute Grundlagen israelitischer Geschichte und des Selbstverständnisses der Juden. Sie sind unauflösbar verbunden mit den Grundpfeilern der jüdischen Religion. Diese Grundpfeiler sind ein wesentlicher Bestandteil der jüdischen Kultur, die ohne diese Begebenheiten undenkbar wäre.

Zweifel an der Richtigkeit der Bibel entstanden ziemlich früh, ursprünglich im 11. Jahrhundert. Später im 19. Jahrhundert untersuchten protestantische Bibelgelehrte den Zusammenhang des eigentlichen Textes. Man kam zu der allgemeinen Ansicht, dass die Bibel von einigen inspirierten Menschen zu verschiedenen Zeiten geschrieben wurde, nicht Gottes unveränderliches Wort war und daher wahrscheinlich Fehler enthielt. Zu Beginn des 20. Jahrhunderts wurden archäologische Ausgrabungen durchgeführt, um die Wahrheit einiger Beschreibungen in biblischen Texten zu beweisen; danach wurden Bücher geschrieben, um zu zeigen, dass „die Bibel doch Recht hat". Wie Israel Finkelstein, Direktor des Archäologischen Instituts der Universität von Tel Aviv, sagte: „Biblische Geschichte diktierte die Richtung der weiteren Forschung. Die Archäologie wurde benutzt, um die Wahrheit der biblischen Erzählungen zu beweisen."

Archäologen hatten keinen Zugang zur West Bank, dem antiken Land, dem Siedlungsland der frühen Israeliten, bevor Israel die Gegend im Krieg von 1967 eroberte. Erst danach konnten dort Forschungsausgrabungen an den vielen vorzeitlichen Hügeln und Ruinen beginnen und so ein wirkliches System zur Datierung von Tonscherben, Münzen und Hausgrundrissen erarbeitet werden. Die Funde befanden sich oft in vielen unterschiedlich tiefen Schichten, was auf eine Besiedlung von Hunderten - vielleicht Tausenden - von Jahren hinweist. Die Funde und die daraus gewonnenen Erkenntnisse verursachten einen Aufruhr in Israel und viele Diskussionen darüber, wie sie interpretiert werden könnten. In seinem Buch „Wer waren die frühen Israeliten und wo kamen sie her?" zeigt William G. Denver einige wesentliche Ansätze auf, die bei der Bewertung der Entdeckungen helfen könnten:

- Man nimmt an, dass der biblische Text *wortwörtlich* wahr ist und sämtliche von außen kommenden Belege irrelevant sind (fundamentalistische Auffassung), oder

- Man lehnt den Text und jedwede anderen Einzelheiten ab, da die Bibel *nicht wahr* sein kann (minimalistische Auffassung).

Denver selbst beschreitet den Mittelweg, indem er sagt, „man solle sich dem Text sowie den von außen kommenden Aufgaben ohne *Voreingenommenheit* nähern, die Ähnlichkeiten der beiden verschiedenen Auffassungen herausfinden und allem Übrigen gegenüber skeptisch bleiben." Es ist diese Art der Annäherung, die er in seinem Buch benutzt. Nach dieser Methode werden alle Einzelheiten sorgfältig bewertet und geprüft.

Der bedeutendste Vorfall in der jüdischen Geschichte, auf den sich die religiöse und nationale Identität des jüdischen Volkes stützt, ist die Geschichte vom Auszug aus Ägypten und die Eroberung Canaans durch die Israeliten im 13. Jahrhundert vor Christus. Diese Geschichte beinhaltet Passah, Moses, wie er die Israeliten aus der Sklaverei in Ägypten herausführt, Moses, der auf den Berg Sinaii steigt und dort die Thora und die Zehn Gebote von Gott empfängt, Moses, der zu Gott in der Form eines brennenden Busches spricht, und Gott selbst, der den Bund mit den Israeliten schließt und sie zu seinem besonderen Volk auserwählt und damit letztendlich auch den Glauben der Israeliten an ihren Gott Jahweh festigt. Während viele der archäologischen Entdeckungen unbeachtet bleiben können, weil „das Fehlen von Beweisen" nicht unbedingt „der Beweis des Fehlens" ist, so ist andererseits die

Geschichte des Exodus entscheidend und die archäologischen Funde sind unübersehbar.

Abraham

Das Buch Genesis – Erstes Buch Mose – enthält viele Mythen sumerischen Ursprungs, wie z.B. die Erschaffung des Universums, des Menschen, des Paradieses, die Sintflut, Kain und Abel, den Turmbau zu Babel und die Diaspora. Diese Mythen wurden durch mündliche Überlieferung weitergegeben. Sie wurden gesammelt und im ersten nachchristlichen Jahrhundert in die Bibel eingebunden. Bibel-Experten sind sich einig darin, dass wir keine sichere Kenntnis von der Existenz Abrahams haben. Schreiben war den Stämmen noch nicht bekannt; sie hatten bisher viele sumerische Erzählungen durch mündliche Überlieferung erhalten. Diese Erzählungen gelangten schließlich in die Schöpfungsgeschichte – die Genesis. Auch durch mündliche Überlieferung wurden viele Geschichten über Abraham weitergegeben, wo er als der Vater des arabischen und des jüdischen Volkes angesehen wird, und zwar wegen seiner Kinder Ishmael und Isaak. Abraham wird als die erste Person angesehen, die klar erkannte, dass es nur einen Gott gibt. Er lebte ungefähr um

2.000 v.Chr.; jedoch die mündlich überlieferten Geschichten wurden erst nach 1.000 v. Chr. gesammelt und um 600 v.Chr. mit den sumerischen Geschichten kombiniert in der Thora niedergeschrieben.

Alles, was wir über Abraham wissen, befindet sich in der Torah – es gibt keinen direkten Beweis seiner Existenz. Sein Name steht weder auf den sumerischen Keilschrift-Platten, noch wird er an irgendeiner Stele im Mittleren Osten oder in Ägypten gefunden.

Moderne Gelehrte sind äußerst skeptisch im Hinblick auf die historische Authentizität Abrahams und Isaaks, und man muss sich deshalb der Geschichte Abrahams mit Vorsicht nähern. Denn Genesis und die Erzählungen der Torah schildern die jüdische Auffassung der Ereignisse und zwar so, dass sie für Juden und die Interessen des jüdischen Volkes von Vorteil sind.

Alles Wissen wurde mündlich weitergegeben und konnte mit Leichtigkeit in *über tausend Jahren verändert und umgeformt werden*. Genesis berichtet, dass nach Abrahams Auskunft in Canaan Gott sagte: „Ich werde euch zu einer großen Nation machen. Ich werde euch segnen und euren Namen berühmt machen, und ihr sollt eine Segnung sein. Auch sollen in euch alle Familien der Erde gesegnet sein". Ebenfalls „Ich bin der Herr, der dich aus dem Chaldean Ur hergebracht hat, um dir dieses Land als Besitz zu geben, und deinen Nachkommen werde ich dieses Land vom Fluss von Ägypten bis zum großen Fluss, dem Fluss Euphrat, geben." Er sagte außerdem, dass er den Bund zwischen sich und Abraham selbst und seinen Nachkommen in den folgenden Generationen zu einem nie endenden, ewigen Bund machen würde.

Jeder, der etwas über Abraham erfahren möchte, greift sofort zur Bibel und liest die *jüdische Interpretation,* nämlich, dass Abraham der erste Monotheist war. Jedoch heißt es, dass die Stimme, die Abraham ruft, angeblich Jahwehs Stimme ist, obwohl er auf El Shaddais´ Bitte hin eine Beschneidung durchführt und einen Baum für El Olam pflanzt. Er scheint mehreren Göttern zu dienen, jedoch ohne einen greifbaren Beweis seiner Existenz zu hinterlassen, abgesehen von Geschichten, die durch die Mühe und Arbeit von Generationen von Geschichtenerzählern erhalten geblieben sind.

Monotheismus beinhaltet den Glauben an einen einzigen, allmächtigen Gott, den vollkommen unabhängigen Schöpfer der Welt. Im Judaismus wurde Abrahams Sohn Isaak der Vater der Juden, und sein anderer Sohn, Ishmael, wurde der Vater der Araber. Dies erstellte zu einem frühen Zeitpunkt eine grundlegende Unterteilung der Menschen im Lande.

Falls es niemals einen Abraham gegeben hat, kein Geschenk des gelobten Landes, keine Teilung zwischen Juden und Arabern, keinen Bund zwischen Gott und den Hebräern als Gottes auserwähltes Volk – zu welchem Schluss würde das führen?

Exodus

Das Fundament der gesamten Bibel stützt sich auf Vorgänge, die vermeintlich im 13. Jahrhundert v.Chr. stattfanden, als die Schriftsprache in Ägypten gebraucht wurde, aber in Canaan noch unbekannt war. Der Israelite Moses, aufgezogen von des Pharaos Schwester in Ägypten, führte sein Volk aus Sklaverei und Verfolgung aus Ägypten. Es wird angenommen, dass er es durch das rote Meer und die Sinai Wüste in Richtung Canaan führte, wobei er Jericho und dadurch auch Canaan selbst eroberte. Die Thora behandelt die Existenz der Israeliten in Canaan vom Zeitpunkt des Exodus an und stützt das jüdische Recht auf das Land auf diese Begebenheit. Ägypten besetzte und verwaltete Canaan während der Eisenzeit II und besaß dort eine große Zahl ausgedehnter Stützpunkte. In den Ruinen von Tel-Armana in Ober-Ägypten, dem Hauptquartier der Besatzungstruppen in Canaan, wurden an die 400 Tafeln gefunden, die Berichte über das Leben in Canaan enthielten. Weder der Exodus noch die Existenz einer großen Zahl von Sklaven im Land wurden erwähnt. Auch erwähnten andere Schriften in Ägypten niemals einen Moses, der die Sklaven entführte. Keine Skulpturen zeigen israelitische Sklaven, die in wirklich sensationeller Art und Weise entkommen: durch die sich teilenden Wasser, welche die Sklaven durchlassen, aber die ägyptischen Soldaten bei der Verfolgung töten.

Es ist sehr schwer, eine Gegend in Ober-Ägypten aufzuspüren, die auf die Beschreibung von sich teilenden Wassern passen könnte: eine absolut genaue Untersuchung der Topographie des nördlichen Nil-Tals im Altertum zeigt keine Stelle, wo das Wasser leicht zu durchwaten gewesen sein könnte. Einige Experten sagen, dass „Red Sea" (Rotes Meer) eigentlich hätte „Reed Sea" (Ried See) heißen müssen. Damit wird aber flaches Marschland beschrieben, in welchem die Pferde und Wagen im Schlamm versunken wären.

Der 40-Jahre-Zug der Israeliten durch die Sinai Wüste verursachte das Entstehen einiger theologischer Themen, die für die Entstehung der Jahweh-Religion ursächlich waren. Nämlich: die Schaffung des Tabernakels und der Priesterschaft, des Volkes Ungläubigkeit und Gottes Strafe – und zahlreiche Gesetze, Gebote und Regeln. Einige von ihnen zeigen den Standpunkt einer späteren urbanen Bevölkerung, nicht den von Wüstenwanderern. Dutzende von Städten werden als Weg des Zuges angegeben, das Problem ist jedoch, dass viele von ihnen im 13. Jahrhundert nicht bestanden. Sie hatten früher existiert, waren aber schon zerstört, als die Menschen angeblich vorbeizogen, oder sie wurden erst viel später errichtet. Einige aufgezählte Städte waren eigentlich ägyptische Festungen und man fragt sich, warum diese Ägypter eine solche Masse von Israeliten ins Land ließen. Eine weitere bekannte Stätte ist „Kadesh-Barnea", wo die Israeliten angeblich 30 Jahre lang Unterkunft fanden, bevor sie nach Canaan kamen. Umfassende archäologische Ausgrabungen sind an diesem Ort vorgenommen worden, aber nicht eine einzige Topfscherbe aus dem 13. Jahrhundert v.Chr., dem Zeitrahmen des Exodus, wurde gefunden. Außerdem ist Kadesh-Barnes ein kleiner Hügel von verschiedenen Siedlungsresten und kann nicht mehr als ein keines Dorf zu der Zeit gewesen sein, viel zu klein, um eine große Truppe von Sklaven 38 Jahre lang unterzubringen. Die Bibel gibt an, dass es 600.000 Männer im Alter zwischen 20 und 60 waren. Mit Familien und Bediensteten würde das auf ca. 2,5 bis 3 Millionen Menschen hinauslaufen (Exodus 12:37). Diese Riesenzahl von Reisenden wirft einige Fragen auf: z.B. wie so viele Menschen in einem kleinen Dorf für solch eine lange Zeit untergebracht werden konnten. Des Weiteren: eine Gruppe von mehr als zwei Millionen, die durch die Sinai-Wüste wandern, würde ein unlösbares logistisches Problem darstellen, wenn man die Notwendigkeit von Nahrungs- und Wasserversorgung bedenkt. Manna und Wachteln (wie in der Bibel) hätten nicht gereicht..

Die Bibel gibt an, dass mehr als fünfzig Orte erobert wurden, aber nur eine kleine Anzahl von ihnen wäre überhaupt für eine solche israelitische Zerstörung von 1250-1150 v.Chr. in Frage gekommen.

Überraschenderweise werden alle „eroberten" Orte bei Namen genannt, aber Mount Sinai wird nicht genannt. Joshua, 10:40, behauptet, dass Joshua Amoriten, Canaaniten, Prizziten, Hiviten und Jebusiten vernichtete und

> „dass er das ganze Land vernichtete: das Bergland und das Negev und das Flachland und die Hügel und alle ihre Könige; er ließ keinen übrig bleiben sondern zerstörte alles was atmete, wie Lord God von Israel befahl."

Laut der Bibel folgte auf die Eroberung Canaans durch die Israeliten die Eroberung Jerichos. Um den Befehlen Gottes zu gehorchen, töteten die Israeliten jeden: Männer, Frauen und Kinder zusammen mit allen Tieren und zerstörten die Stadt.

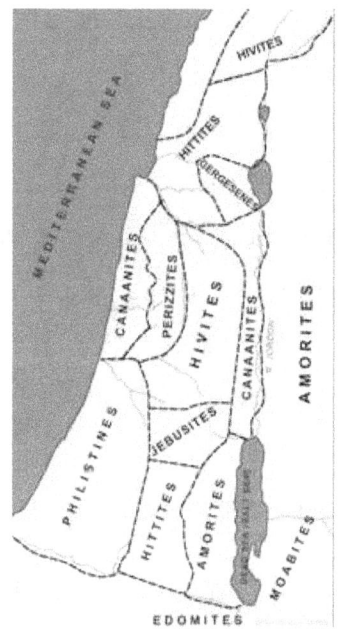

Ausgrabungen in Jericho wurden in den 1920er Jahren versucht und zeigten eine massive Zerstörung von Erdziegel-Stadtmauern, was scheinbar ein Beweis für die biblische Geschichte der Eroberung war. Jedoch hatte die Archäologin Dame Kathleen Kenyon in Jericho zwischen 1950 und 1958 mit neuen und besseren Methoden gearbeitet und erklärt, dass sie nicht von irgendwelchem „biblischen Gepäck" belastet sei. Sie bewies, dass die in den Ruinen sichtbare Zerstörung dem Datum nach ungefähr aus der Zeit um 1.500 v.Chr. stammt und Teil eines ägyptischen Feldzugs gewesen war. Sie fand auch heraus, dass während der Zeit irgendeiner israelitischen „Eroberung" Jericho zweifellos schon völlig verlassen und aufgegeben war. Nicht eine Tonscherbe aus dieser Periode wurde auf dem gesamten Ausgrabungsgebiet gefunden, und es gibt keine Spur von irgendeiner Besetzung in der späten Bronzezeit II.

Im Oktober 1999 veröffentlichte Professor Ze´ev Herzog von der Universität Tel Aviv, Archäologisches Institut, einen Artikel in der Zeitung Ha´aretz mit dem Titel „Deconstructing the Walls of Jericho" (s. Anlage). Der Artikel, von den fundamentalistischen Jüdisch-Orthodoxen ignoriert, wird nicht viel diskutiert, denn er nagt an den Fundamenten der jüdischen Geschichte und des jüdischen Glaubens. Er beunruhigt moderne säkulare Zionisten, denn er unterminiert ihre Rechtfertigung für die Hartnäckigkeit – beruhend auf biblischer Geschichte – mit der ein Heimatland für das jüdische Volk verlangt wird, in einem Land, welches – außer für

Israeliten – Heimat war für Canaaniten, Hittiten, Amoriten, Perizziten, Hiviten, Girgashiten, Jebusiten, Philistiner, Ammoniten, Moabiten und Edomiten, die ihre eigenen starken Stadt-Staaten, ihren eigenen Gott und ihre eigene Kultur hatten.

2012 entdeckte Professor Finkelstein während seiner Ausgrabungen bei Meggido einen Ton-Behälter mit wertvollem Goldschmuck, der aus Canaan stammte und auf die Zeit um 1100 v.Chr. datiert wurde. Meggido war zu dieser Zeit eine bedeutende Stadt im Jezreel Tal. Dieser Fund zeigt, dass andere Volksstämme, unter denen die Israeliten lebten, einen hohen Entwicklungsgrad und eine urbane Kultur besaßen, vergleichbar mit jener der Israeliten in Jerusalem, - jedoch erst 200 Jahre später. Der Name Canaan bedeutet „Land des Purpur" (die purpurne Farbe wurde aus einer Meeresschneckenart, die an Palästinas Küsten lebte, gewonnen). Die Eigenschaften vieler Kulturen des antiken nahen Ostens wurden Jahrhunderte lang von den Canaaniten absorbiert und zu den ihren gemacht, bevor die Israeliten sich zu einem charakteristischen Volksstamm entwickelten. Soweit bekannt erfanden sie die Form der Schrift, die zum Alphabet wurde; dieses wurde später an viele Kulturen und Nationen durch die Griechen und Römer weitergegeben

König David

Gemäß der Thora gilt König David als der wahre Gründer des ersten Vereinigten Königreichs von Israel und auch als Gründer von Jerusalem. Er eroberte Jerusalem durch einen Überraschungsangriff einen Quellenschacht hinauf, der durch die früheren Besitzer (die Jebusiten) gebaut worden war, um Wasser in die Stadt zu leiten, und zwar von einer Quelle außerhalb der Mauern. Dieser Bau zeugt von der hohen Begabung der Jebusiten im abstrakten und mechanischen Wissen. Ägyptische Texte erwähnen Jerusalem erstmals im 19. bis 18. Jahrhundert v.Chr. Verschiedene canaanische Unter-Könige verwalteten die Stadt in der Zeit der ägyptischen Herrschaft, bevor die Jebusiten kamen. Der ältere Teil der Besiedelung ist der Gebirgsausläufer, Hügel vom Ophel genannt, vom östlichen Berg der Stadt, welcher als Zion bekannt war. Wissenschaftler nehmen an, dass die Jebusiten dort ihre Festung hatten. Die Bibel gibt an, dass David sie eroberte, was dadurch angedeutet wird, dass er „in der Festung wohnte" und sie die „Stadt Davids" nannte.

Wiederum steht in der Bibel, dass David Jerusalem als seine Hauptstadt erweiterte und verschönerte. Er baute einen herrlichen Palast mit goldenen Ornamenten und edlen Hölzern für viele Ehefrauen und hunderte von Mätressen. Es wird auch angenommen, dass er Pläne für seinen ersten Tempel machte, um dadurch Jerusalem zu einem großen religiösen Zentrum auszubauen. Ausgrabungen auf dem Hügel Ophel durch den Archäologen Ronnie Reich zeigen aber, dass die Funde dem Datum nach entweder mehrere Jahrhunderte früher oder mehrere Jahrhunderte später einzuordnen sind. Die massiven Blöcke der westlichen Mauer stammen aus der frühen canaanitischen Zeit des Mittleren Bronze Alters. Ein Teil der äußeren Mauer, der aus der Stadt Davids herausragt, stammt aus einer späteren Zeit, zu spät, um König David zugeschrieben zu werden. Funde in diesem Gebiet stammten aus dem 8. Jh. v.Chr., zwei Jahrhunderte nach der Zeit von David und Salomon. Wie Reich angibt, haben wir Beweise nur für die Canaaniten im 18. Jh. v.Chr. und die Israeliten im 8. Jh. v.Chr.. In der Zwischenzeit besteht eine riesige Lücke ohne auch nur den geringsten Tonscherbenfund. Obwohl Dutzende von Archäologen hier 150 Jahre lang gegraben und gesiebt haben, wurde kein klarer archäologischer Beweis für König Davids Hauptstadt gefunden. Reich nimmt an, „dass König Davids Palast wahrscheinlich nur ein klein wenig größer war als ein Privathaus im modernen Israel." Ein anderer berühmter Archäologe, Israel Finkelstein sagte:

„es gibt fast keinen Beweis für das zehnte Jahrhundert. Es gibt fast keinen Beweis für Salomon. Jerusalem war zu dieser Zeit wahrscheinlich ein sehr kleines Dorf oder eine sehr arme Stadt.

. . . .

Eine weitere Untersuchung der archäologischen Fakten ... weist auf einen Zeitraum von wenigen Jahrzehnten hin (in denen ein starkes Israel existierte) und zwischen ungefähr 835-800 v.Chr. [1]"

Es scheint, dass Jerusalem erst im 9. Jh. v.Chr. als urbanes Zentrum wichtig wurde, nachdem das Vereinigte Königreich in die zwei Teile Samaria und Judäa auseinanderfiel. Jerusalem war also niemals die Hauptstadt Israels, es war die Hauptstadt von Judäa, dem südlichen Teil.

Prof. Dever, getreu seinem Prinzip, andere Meinungen und Funde zu prüfen, verbrachte viel Zeit mit der Überprüfung der Ansprüche, die sich wegen der zahlreichen Siedlungen auf dem Eroberungsweg in Canaan ergaben. Dabei achtete er besonders darauf, welche Situationen hätten bestehen können, welche Ereignisse oder Vorfälle hätten geschehen können und welche neuen Entdeckungen noch gemacht werden können. Jedoch stimmt er mit anderen Archäologen überein, dass der Exodus und die Umstände bezüglich Davids Königreichs fragwürdig sind.

---

[1] Finkelstein, Israel, and Silberman, Neil Asher "The BibleUnearthed".

Aber König David existierte tatsächlich. 1939 fand der Archäologe Biran einen Stein mit der folgenden Inschrift: „König aus dem Hause Davids" in frühem Aramäisch. Er wurde unter einer Schicht von Zerstörungsschutt aus dem späten achten Jh. v.Chr. gefunden.

Exil und Diaspora

Die Erklärung zur Gründung des Staates Israel beginnt folgendermassen:

> Durch Gewalt vertrieben, blieb das jüdische Volk auch in der Verbannung seiner Heimat in Treue verbunden. Nie wich seine Hoffnung. Nie verstummte sein Gebet um Heimkehr und Freiheit.

Prof. Shlomo Sands, Professor an der Universität Tel Aviv, ist der Autor des Buches "Die Erfindung des jüdischen Volkes", das 19 Monate auf der Bestsellerliste in Israel geführt wurde. Sein Ziel war es, die tief verwurzelten Überzeugungen unter Juden zu prüfen, vor allem die Überzeugung, daß das "jüdische Volk" von den Römern nach dem Fall des Zweiten Tempels im Jahr 70 CE gewaltsam verbannt wurde, dann 2,000 Jahre obdachlos durch die Welt wanderte und jetzt Anspruch auf das Land erhebt, das ihm von Gott als Heimat gegeben wurde (wie in der Thora bezeugt). Die Schaffung des Staates Israel im 20. Jahrhundert gilt Zionisten als ein unzweifelhaftes Gesetz, eine Annahme, die natürlich nicht von den Palästinensern, den anderen Bewohner des Landes, geteilt wird.

Die gewaltsame Deportation und das Exil der Juden nach der Zerstörung des ersten Tempels in 585 v. Chr. wurde eine fürchterliche, nie vergessene Erfahrung. Der Charakter des Judentums entwickelte und formte sich während des nachfolgenden Exils. Nach 50 Jahren durften die Flüchtlinge wieder nach Hause ziehen, aber wie Herr Sand erwähnte, nicht alle kamen zurück nach Judäa. Eine grosse Anzahl blieben in Mesopotamien und zogen sogar noch weiter in ferne Länder und gründeten andere jüdische Gemeinden. Es gab große jüdische Siedlungen außerhalb von Judäa noch vor dem babylonischen Exil. In der Tat war der Tempel in Jerusalem ein Pilgerort für alle Juden, die in anderen Ländern lebten.

Ebenfalls ausführlich erläutert von John Rose in *Die Mythen des Zionismus*, gab es drei Hauptgruppen von Juden im Lande selbst, also keine vereinte Nation: die Menschen in Judäa um Jerusalem und dem Tempel; die Samariter, die sich jüdisch nannten, aber nicht als Juden akzeptiert wurden; und die Juden in Galiläa, die unabhängiger waren und nicht an der Judäan Revolte gegen Rom teilnahmen. Seit Alexander der Grosse im 4. Jahrhundert v. Chr. sein Reich gründete, gab es eine jüdische Diaspora in Ägypten und anderen Ländern rund um das Mittelmeer. Im ersten Jahrhundert der Zeitwende lebte die Mehrheit der Juden außerhalb Judäa.[2] Der erste jüdische Krieg gegen die Römer von 66 – 73 A.D. war wirklich ein Aufstand der jüdischen Bauern gegen die sehr wohlhabende jüdische Führungsschicht in Jerusalem und auch gegen Rom selbst. Es führte, wie Flavius Josephus in seinem Buch schrieb, zu der Zerstörung des Zweiten Tempels und der Tötung und Versklavung vieler Menschen in und um Jerusalem. Sie wurden manchmal gezwungen, ihre Höfe und ihre Häuser zu verlassen, aber in keiner Weise kann man von Deportation der gesamten Bevölkerung sprechen. Römer waren schonungslos in ihrer Kriegsführung, aber sie verjagten nicht Bauern und Arbeiter, die notwendig waren, um ihre Wirtschaft zu besorgen..

Der Bar Kochbar-Aufstand 60 Jahre später führte das Gesetz ein, dass künftig kein Jude in Jerusalem selbst leben durfte. Viele Juden wanderten nach Galiläa aus und im Laufe der Jahre fanden ihren Weg auch nach China und Indien. Dieses Gesetz verursachte einen großen Wandel in der Einhaltung des Judentums, das traditionell seinen Schwerpunkt im Tempel sah, und jetzt, im Interesse der Kontinuität der Religion, unter geänderen Bedingungen einen Weg finden musste, die Glaubensbefolgung ohne Anleitung der Tempel-Priester zu gewährleisten.

---

[2] Barclay, J.M.G. Jews in the Mediterranean Diaspora

Um für eine Fortsetzung des Glaubens ohne Zugang zum Tempel zu sorgen, entwickelte das rabbinische Priestertum Texte, Geschichten und Rituale, alle konzentriert auf Synagoge und Familienleben und nicht an Präsenz im Tempel gebunden. Mythen wurden historische Tatsachen. Die Religion kann jetzt überall ausgeübt werden. Wöchentliches Kerzenanzünden, Seders, Feiertagsessen, Geschichten, Festtage und Bräuche, alle gebunden mit vielen Wiederholungen an historische Mythen, Verbindung zu Gott und Versprechen der Rückkehr in das Land bildeten eine starke emotionale Bindung innerhalb der jüdischen Gemeinden, wo immer sie existierten, die dadurch die Religion durch Jahrhunderte aufrechthielt.

Jerusalem selbst, beraubt um seinen Mittelpunkt, verschlechterte sich danach, und zahlreiche Juden emigrierten ins Ausland und erstellten lebensfähige Gemeinschaften in Nordafrika, Libyen, Zypern und Alexandria und in Rom und Marseille. Wie rabbinische Texte vom 2. und 3. Jahrhundert A.D. zeigen, wurde der Begriff "Galut" (Exil) verwendet im Sinne der politischen Unterwerfung anstelle von Deportation. Die jüdische Idee des Exils wurde tatsächlich von Christen als Strafe für die Juden für ihre Ablehnung und Kreuzigung Jesu entwickelt. "Exil" bezeichnet eine existentielle Situation, die überall existieren könnte.[3]

---

[3] Sands, Shlomo *The Invention of the Jewish People,* # 133

Es ist offensichtlich, dass die Menschen sich zu allen Zeiten vermischt, in fremde Länder verzogen, fremde Frauen geheiratet und Kinder zurückgelassen haben. Die Erde war über Jahrtausende hinweg von Menschen bevölkert, die ihre alte Heimat verliessen und eine neue fanden. Einige dieser Migrationen ergaben sich aus einer Veränderung der klimatischen Bedingungen, durch Besetzung durch fremde Truppen, oder durch Suche nach besseren Lebensbedingungen in einer Welt, die zunehmend besiedelt und wettbewerbsintensiv war. Dies ist ersichtlich aus der Anzahl der Juden, die alle Länder auf der ganzen Welt zu ihrem Zuhause gemacht haben. Die Vereinigten Staaten, zum Beispiel, zählt innerhalb ihrer Grenzen mehr Juden als der Staat Israel selbst hat, und sie sind sesshaft hier und fördern ihr eigenes Wohlergehen sowie das Wohlergehen des Landes. Es gibt offensichtlich keinen großen Versuch von ihnen, in das Land zurückzukehren, das traditionsgemäß Gott ihnen als ihr eigenes gab.

KULTUR UND RELIGION

Die Herkunft der Hebräer

Archäologen auf der ganzen Linie – ob aus politischen oder anderen Gründen – stimmen darin überein, dass es keinen Beweis für eine gewaltsame Eroberung von Jericho und Canaan gibt. Berichte aus fremden Quellen liefern fast keinen einzigen Beleg für den biblischen Bericht über eine ausgedehnte Invasion von Israeliten in Canaan. Wir wissen jetzt, dass die Berichte über militärische Eroberungen spätere literarische Erfindungen sind, teilweise aus theologischen Gründen. Aber wo kamen die frühen Israeliten her? Es wird allgemein angenommen, dass es eher eine langsame Übernahme statt einer Eroberung gab. Hier sind einige Beispiele für friedliche Infiltration:

Dr. Adam Zertal von der Universität von Haifa ist aufgrund seiner Forschungen und der genauen Überprüfung von Tonfunden überzeugt, dass es nach und nach eine langsame Bewegung nach Westen über den Jordan gab, und zwar von Beduinen, die sich in den Gebirgszügen über die ganze Länge von Canaan ansiedelten.

Andere Wissenschaftler wiederum bezweifeln diese Ansicht, da Beduinen, die an die Wüste und ihre Zelte gewöhnt sind, sich nicht so leicht an einem Ort niederlassen, sondern das Nomadenleben bevorzugen.

Eine andere Erklärung wäre noch, dass – durch eine ausgedehnte Dürre – zur Zeit des Späten Bronze/Frühen Eisen-Alters im mediterranen Raum – Bauern aus dem tiefer liegenden Farmland an der Küste vertrieben wurden und in die Hügel wanderten, die sich wie ein Rückgrat von Norden nach Süden durch das ganze Land von Canaan ziehen. Außerdem fielen zwischen 1200 und 1176 v.Chr. die sogenannten „Seevölker" hier ein und siedelten sich am Mittelmeer an. Sie brachten ein riesiges Chaos in die Region, was die Einwohner zwang, in die weniger zugänglichen Berge zu fliehen.

Ein anderes Denkmodell wäre der „Rückzug" bestimmter Canaaniten namens *Hipero* oder *Apiro* in das Hügelland, um den Kontakt mit anderen Stämmen zu vermeiden. Diese Menschen – verschiedentlich beschrieben als „Nomaden oder Halbnomaden, Rebellen, Verbrecher, Plünderer, Söldner und Bogenschützen, Diener, Sklaven, Wanderarbeiter u.s.w." – wurden in einem Schreiben aus dem 14 Jh. v.Chr. erwähnt, und zwar in einem Schreiben vom König des Canaanitischen Stadtstaates Sechem an seinen ägyptischen Oberherrn bzw. Herrscher. Das Wort Hebrew (Hebräer) wurde mit den Wörtern *Hibero* und *Apiro* in Verbindung gebracht und so zu DEM Namen, der ungefähr seit 2.5000 v. Chr. bis 1.200 v. Chr. – belegt durch verschiedene ägyptische, akkadische, krittitische, mittannische und ugaritische Quellen – einer Gruppe vom Menschen in Gebieten von Mesopotamien und Iran bis hin nach Ägypten und Canaan gegeben wurde. Die Hiberu scheinen eher eine soziale Klasse als eine ethnische Gruppe gewesen zu sein. Sie lebten als umherziehende Leute an den äußeren Grenzen der Zivilisation und verursachten politische Instabilität. Warum versuchten diese Menschen, Nomaden und Banditen, die sich am äußeren Rand der Gesellschaft festhielten, hier einen Lebensunterhalt zusammen zu kratzen?

Im Jahr 1628 v. Chr. beendete ein Erdbeben auf der Insel Santorin die minoische Zivilisation, brachte fast die gesamte Insel zum Einsturz und verursachte einen gewaltigen Tsunami: entlang der ganzen Ostküste des Mittelmeers wurden Siedlungen zerstört, Wetterstrukturen verändert und politische und ökonomische Störungen verursacht – und eine der größten Migrationen, die die Geschichte verzeichnet. Das daraus entstehende Chaos, verbunden mit Unsicherheit, könnte dazu geführt haben, dass sich eine Unterklasse von „Aussteigern" bildete. Archäologen fällt es schwer, die sozialen Bewegungen in der fernen Vergangenheit zu beweisen, aber sie wissen durch Ausgrabungen, dass im Bronze Alter eine Welle neuer Siedlungen im vorher unbewohnten Mittleren Osten auftrat. Diese ähnelten den schon bestehenden, aber in einem Punkt waren sie verschieden: die Einwohner der neuen Siedlungen

36

aßen kein Schweinefleisch. Eine der Ausgrabungen zeigt, dass diese Menschen irgendeine Vorstellung von einem Vorgänger Jahwehs gehabt haben könnten, aber immer noch den Canaaischen Gott EL verehrten, genauso wie ihre Canaanitischen Nachbarn. Schließlich bedeutet „Isra-el" ja auch „Kämpfer für El".

Es gibt eine allgemein anerkannte Vermutung, dass die frühen Israeliten keine Eroberer und Einwanderer aus anderen Teilen des Landes waren, die ihren ausgereiften neuen Gott Jahweh mit sich brachten, sondern ein Teil der einheimischen Bewohner von Canaan, die die Canaanitischen Götter verehrten. Gemäss Jon Entine, Autor von *Abraham's Children – Race, Identity, and the DNA of the Chosen People*[4], DNA Untersuchungen durch Dr. Ariella Oppenheim von der Hebrew University haben gezeigt, dass "sieben von zehn jüdischen Männern und die Hälfte von arabischen Männern, deren DNA untersucht wurde, ihre männlichen Chromosome von denselben väterlichen Vorfahren erbten, der im vorgeschichtlichen Mittleren Osten während der Neolithischen Periode vor ungefaehr 7,800 Jahren lebten." Sie haben etwa 18% ihrer Chromosome gemeinsam, was eine genetische Verwandtschaft von vorgeschichtlicher Zeit beweist, zeigen aber wenig Mischung seit der Gründung ihrer getrennten respektiven Völkergruppen. Dies bestätigt die wissenschaftliche

---

[4] Page 332

37

Erkenntnis, dass die Israeliten ihren Anfang nahmen als Teil der Ureinwohner von Canaan und ihre Wurzeln in derselben Bevölkerung haben, die die Palästinenser und andere Völker im Mittleren Osten hervorgebracht hat.

Die Entwicklung Jahwehs

Heutige Gelehrte betrachten das Entstehen des israelitischen Monotheismus als einen allmählichen Prozess, der mit den normalen Ansichten und Glaubenspraktiken der Antike begann. Es ist unmöglich, in irgendeiner Weise sicher zu sagen, wie sich die Götter einer kleinen Anzahl von Stämmen im Mittleren Osten vor 3000 Jahren entwickelten und herausbildeten, in einander übergingen und sich veränderten, um am Ende als ein einzelner Gott da zu stehen (vielleicht mit der DNA anderer kleinerer Götter und vielleicht mit den charakteristischen Merkmalen und Mythen wieder anderer). Alles geschah, als es noch keine Schrift gab. Geschichten wurden mündlich überliefert. Aber selbst als alle diese Geschichten gesammelt und als Teile der Bibel schriftlich niedergelegt wurden, gingen sie durch die Gemüter und Glaubenssysteme von Schreibern, die durch Politik, Wunschdenken und beschönende Bearbeitung und Interpretation beeinflusst waren. Folglich beinhaltet die Bibel eigentlich ein Durcheinander von Impressionen und Erzählungen.

Die Geschichten in der Thora, niedergeschrieben im ersten Jahrtausend v. Chr., enthalten verschiedene Namen zum Thema dieses Gottes. Es gibt die Namen El und Elyon, El Shaddai, Yahweh und Adonai, - manchmal im selben Vers und manchmal im gleichen Satz. Das hebräische Wort „El" ist wie das englische Wort „God" (oder das deutsche Wort Gott) – es kann Gottheiten im Allgemeinen bezeichnen oder der Name für einen besonderen Gott sein. Bibelgelehrte gaben der vermuteten Herkunft der Götter Namen in der Thora – „E" kam von einem Schreiber aus dem Norden Canaans, wo der Gott El verehrt wurde, und „J" von einem aus dem Süden, wo ein Gott namens Jahweh existierte – neben dem alten canaanitischen Gott Baal, dem strengen Gott. Eine zeitlang hatte Jahweh auch eine Gemahlin oder Begleiterin namens Asherah, genau wie El. Es gibt frühere ägyptische Erwähnungen eines „Yhw", was jedoch nicht auf einen Gott sondern einen Ort hinzuweisen scheint – irgendwo in Edom im Süden von Judäa, „dem Land der Shasu". Eine zeitlang schien es, dass El vom Norden und Jahweh vom Süden in gewisser Weise verschmolzen (El, der Gott des Mitgefühls und Jahweh, der Gott des Krieges), indem beide ihre charakteristischen Eigenschaften dem anderen von Zeit zu Zeit überließen.

Kinder-Opfer waren in Zeiten großer Gefahr ein anerkanntes Ritual in vielen Ländern des Mittleren Ostens, auch in Ägypten und Canaan. Prof. Mark S. Smith zitiert in seinem Buch „The Early History of God" Verse aus verschiedenen Büchern der Bibel, woraus hervorgeht, dass Kinderopfer auch von Anhängern des Jahweh Kults praktiziert wurden, sogar bis zum 7. Jh. v. Chr., woraus sich die canaanitschen Wurzeln des Kults ergeben.

In 922 v. Chr. eroberten die Assyrer Samaria, den nördlichen Teil des Landes. Von diesem Zeitpunkt an wurde die Verehrung El´s als Gott der besiegten Menschen schwächer und wandelte sich langsam in eine Anbetung Jahwehs um. Letzterer war in Judäa verwurzelt und gab später auch Asherah als Gemahlin auf. 586 v. Chr. eroberte Babylon Judäa und deportierte die Juden in den jetzigen Irak, wo die Verbannten 50 Jahre lebten, bevor die Griechen, die den gesamten Mittleren Osten einnahmen und das Land hellenisierten, ihnen die Rückkehr erlaubten. Nach den Griechen wurde das Land von den Römern erobert und zu einer römischen Provinz gemacht.

Zu dieser Zeit wurde die Schrift zur hauptsächlichen Methode, Erinnerungen festzuhalten, da sie die mündliche Art und Weise übertraf. In der zweiten Hälfte der Monarchie wurde sie zum bevorzugten Medium, Prophezeiungen festzuhalten und so ein breiteres Publikum zu erreichen. Es entstand die Idee, dass Jahweh nicht nur der Gott des Staates, sondern vielmehr die einzige Gottheit im Kosmos war. Der älteste noch bestehende Text der hebräischen Bibel, der ungefähr aus dem Jahr 600 v. Chr. stammt, befindet sich auf zwei silbernen Amuletten, die 1979 in einer Bestattungshöhle südwestlich der Altstadt von Jerusalem gefunden wurde. Auf ihnen sind in biblischem Hebräisch Teile des Priesterlichen Segens aus dem Buch Numeri (6:24-26) eingraviert:

> Jahweh segne dich und behüte dich, Jahweh lasse sein Angesicht auf dich leuchten und sei dir gnädig. Jahweh erhebe sein Antlitz hin zu dir und schaffe dir Heil. [5]

Hier sind Fotos der Vorder- und Rückseite einer Schmuck-Reproduktion, die ich Jerusalem kaufte:

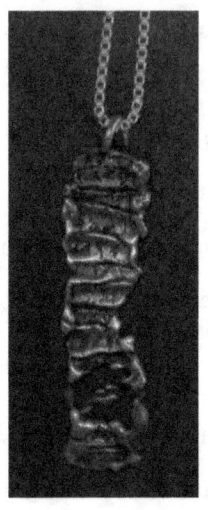 

Während des Exils in Babylon und danach arbeiteten Priester, deren religiöse Orientierung in Judäa verankert war, an einer Zusammenführung von Thora und Midrash und schufen so die judäische Bibel, wie wir sie heute kennen. Sie errichteten das Fundament eines einheitlichen Judaismus, in dessen Zentrum die

---

[5] aus: Die Bibel: Die heilige Schrift des Alten und Neün Bundes © Verlag Herder K.G., Freiburg und Breisgau 1965

Anerkennung Jahwehs als der monotheistische Gott der Juden stand.

Richard Elliot Friedmann beschreibt seine gründlichen Nachforschungen in seinem Buch „Wer schrieb die Bibel?". Er stellte hier sehr genau die Herkunft der einzelnen Bibel-Geschichten fest. Diese geben tiefe Einblicke in die damalige Zeit, die Änderung der Sitten und die moralische Entwicklung.

Es stellte sich heraus, dass Jahweh sich nicht plötzlich zu erkennen gab. Auch wurde er weder durch Moses von Ägypten nach Canaan gebracht, noch durch Abraham aus Sumer. Er entwickelte sich über eine geraume Zeit und durch Stämme, die ihre Wurzeln in Canaan hatten. Er besaß sogar Züge und Gewohnheiten der alten canaanitischen Götter. Die Bemühungen der Thora-Schreiber hatten zur Folge, dass ein Gott entstand, von dem geglaubt wurde, er wäre der eine und einzige Gott, der anbetungswürdig war, transzendent und ethisch: der Gott der Juden, der Gott des Auserwählten Volkes.

Aus welchem Grund hatten die Israeliten Erfolg, wo andere gescheitert waren? Es gibt wahrscheinlich viele Gründe dafür, aber eine Erklärung erscheint mir – vor allen anderen – besonders sinnvoll und es ist die Folgende:

Das St. Johannes Evangelium 1:1 sagt: „Am Anfang war das Wort, und das Wort war bei Gott und Gott war das Wort."[6] Damals als Kind, wenn ich diese Worte in den vielen Sonntags-Gottesdiensten meiner Lutheranischen Kirche hörte, verstand ich überhaupt nicht, was sie bedeuteten, und niemand konnte mir eine zufriedenstellende Erklärung geben. Aber als ich über die phantastische Entwicklung des jüdischen Volkes nachdachte (von einem kleinen Stamm in Canaan zur Diaspora und zu Siedlungen in der ganzen Welt, mit Leistungen und Intelligenz und Erfolg und Moral und ethischer Entwicklung) – da begriff ich, dass auch für sie das WORT der Beginn war. Das Wort: wie in Sprache, wie in Kommunikation, wie in mündlicher Überlieferung:; - als ein Band zwischen Menschen, das Formen von Buchstaben auf Knochen, auf Stein, auf Tierhäuten, auf Papyrus und auf Papier: - gesammelt wie in einer Schatztruhe von Wissen und Weisheit. Es gab Menschen, die es liebten, in Worten zu denken und ihr Denken anderen mitteilten; Menschen, die Visionen, Fantasie und Vorstellungskraft hatten; die Geschichten aus der fernen Vergangenheit sammelten und mit anderen zusammen arbeiteten, um die Schätze eines Volkes in einem Buch zu vereinigen, um den Menschen Erkenntnis und Wissen zu bringen, damit sie eine

---

[6] aus: Die Bibel: Die heilige Schrift des Alten und Neün Bundes © Verlag Herder K.G., Freiburg und Breisgau 1965

Kultur aufbauen und fördern konnten, um eine Religion zu erschaffen und sie mit den Ergebnissen ihrer Erinnerungen und Hoffnungen zu untermauern. Soweit wir wissen, haben das unter allen Völkern von Canaan nur die Israeliten vollbracht. Nach einer Weile wurde das Wort im Schrein der Thora zu einer lebendigen Gegenwart in ihrem Dasein, erhöht noch durch Talmud und Mischna, und mit Freude verbunden durch Feste und Gedenkfeiern. Das Wort hatte nach einer Weile ein Eigenleben begonnen.

Der Charakter des Jüdischen Volkes

In ihrem Buch „Juden" sprechen Arthur Herzberg und Aron Hirt-Manheimer über die wesentlichen jüdischen Eigenschaften „der Auserwählten", „der Aufrührer" und „der Aussenseiter" und behaupten, dass es einen definierbaren jüdischen Charakter gibt, der sich über die Jahrhunderte in den Juden manifestiert habe. Sie sprechen von drei grundlegenden Teilen dieses Personenprofils: - das Selbstbildnis der Juden, das auserwählte Volk zu sein; - Juden neigen, wie geschichtlich bewiesen, zu Meinungsverschiedenheiten untereinander, sie stellen sich vielfach gegen die allgemeine Meinung, - und Juden sind das klassische Beispiel für den Außenseiter in der westlichen Zivilisation. Von diesen drei Charakterzügen betrachte ich „Auserwähltheit" als den ersten und entscheidenden Punkt, der die Entwicklung der beiden anderen bestimmt.

Auserwähltheit: Laut Bibel schlossen sowohl Abraham als auch Moses einen Vertrag (convenant = Bund) zwischen Gott und den Israeliten, in dem Gott letztere ausdrücklich zu seinem auserwählten Volk ernannte. Dieser „Skandal des Partikularismus" (Sonderbestrebung) ist schon immer problematisch gewesen. Warum sollte Gott auswählen, wenn er sich doch der ganzen Menschheit hätte offenbaren können?

Aber im Laufe der Jahrhunderte – in harten Zeiten umgeben von feindlichen Stämmen in Palästina, und den schlimmen Zeiten in der Diaspora mit Pogromen und Antisemitismus - wurde das Wissen, dass sie vor allen anderen von Gott auserwählt waren, der zentrale Gedanke des jüdischen Selbstwertgefühls. Sie saugten die unerschütterliche Gewissheit von Gottes Auswahl mit der Muttermilch ein – sie wurden damit geboren. Sogar weltliche Juden, die ihr Leben nicht in einem religiösen Zusammenhang sehen, fühlen auch jetzt noch in ihrer tiefsten Seele, dass sie besonders sind und unter dem Schutz Gottes stehen. Dies gibt ihnen so viel Sicherheit und Selbstvertrauen wie keinem anderen. Es erhöht sie in ihrem eigenen Denken und gibt ihnen Zweck und Ziel, sogar in Notzeiten und Unglück.

Es gibt zwei hauptsächliche Standpunkte zum Thema „Gewähltsein". Die erste Gruppe glaubt, dass Gott sie „besonders" machte, weil er ihnen die Aufgabe erteilte, „ein Licht für die Nationen" zu sein: durch das Übernehmen der moralischen

Mission, für globale Gerechtigkeit, globalen Frieden und globales Mitgefühl zu kämpfen, sahen sie sich als die selbst-erwählten Träger einer einzigartigen glühenden Botschaft (wie Arthur Herzberg es nennt).

Dies ist der Grund für die zahllosen moralischen und ethischen Lehren und Richtlinien, die dem jüdischen Glauben innewohnen und die auch andere Religionen im Laufe der Zeit beeinflusst haben. Es ist keine leichte Pflicht: Arthur Herzberg sagt: „dass das Gewähltsein das ständig anwesende und unentrinnbare Unbehagen ist, welches vom Gewissen verursacht wird."

Es ist auch wahr, dass einige jüdische Denker das Gewähltsein als einen qualitativen Unterschied zwischen Juden und anderen Menschen interpretieren, und dass Juden zu einer ganz anderen Kategorie gehören. Bekennende Juden danken Gott jeden Morgen, dass sie nicht ein „Gentile" (Nicht-Jude) oder eine Frau sind, absolut überzeugt davon, dass sie besser als jene seien. Der Talmud enthält viele Ermahnungen von humanistischer, universeller Art, aber es wird auch das Gefühl der Überlegenheit über Gentiles ausgedrückt. Die rechts gerichtete Minderheitsregierung im heutigen Israel stützt ihren Glauben auf die absolute Wahrhaftigkeit der Bibel und denkt, dass Macht und Eroberung die Lösung sein werden; - und dass sie ein Recht auf das Land haben, weil es ihnen vor 3000 Jahren von Gott geschenkt wurde. Man darf nicht vergessen, dass diese Meinung nicht die aller

Juden ist, sondern nur einer kleinen, indoktrinierten und fundamentalistischen Gruppe. Hier kann man viele Vergleiche anstellen: nur eine kleine Prozentzahl der Deutschen waren Nazis, nur eine kleine Prozentzahl der weißen Amerikaner waren Mitglieder des KKK (Ku-Klux-Klan), nur eine kleine Prozentzahl der Spanier waren Faschisten in den 30er Jahren. Es ist der ultra-rechts-Flügel von jedweder Gruppe, den man fürchten muss. Das hat schwerwiegende Konsequenzen für den Frieden im Mittleren Osten, wie später in den Kapiteln über Zionismus und Fundamentalismus beschrieben.

Wir wissen heute, dass die Erzählungen über Abraham und seine Söhne Ishmael und Isaac (ungefähr 1995 v. Chr.), die über Moses und den Exodus aus Ägypten (ungefähr 1300 v. Chr.) und auch die über König David (ungefähr 900 v. Chr.) durch mündliche Überlieferung weitergegeben wurden, - und zwar Jahrhunderte lang – bevor sie zusammengefasst, von E, J und P umgeschrieben, und dann herausgegeben wurden (siehe Definitionen im Anhang). Einiges wurde hinzugefügt, ausgelassen oder verändert; - und dann wurde das Ganze interpretiert und gedeutet von Priestern, Rabbis, Visionären und weisen Männern, zusammengestückelt aus Erzählungen und Berichten, ungefähr in der Zeit des Babylonischen Exils (500 v.Chr.). Es ist sogar durchaus möglich – und im Falle vom Exodus" ziemlich sicher – dass die Entstehung der Erzählungen niemals auf Fakten beruhte, sondern beeinflusst war von dem starken Wunsch der Weisen einer lange vergangenen

Zeit, den Menschen Ermutigung und Vertrauen zu geben, und stolz zu sein auf die Geschichte der Israeliten - und ihnen so die Sicherheit einer Zukunft zu zeigen. Archäologische Entdeckungen werden deshalb einfach von denjenigen außer Acht gelassen, die nicht wanken in ihrem Glauben, dass die Bibel die ewige Wahrheit ihres Erbes ist. Viele Juden können der Vorstellung, dass die Bibel nicht die volle Wahrheit bedeutet, nicht ins Auge sehen, denn dies würde ihren ganzen Glauben, ihr Vertrauen, ihr Geschichtsbild, ihre Kultur und Zukunft in Frage stellen.

Wenn man das bedenkt, muss man schon sagen, dass es psychologisch gesehen ein brillanter Geniestreich war, die Israeliten für Gottes Auserwählte zu erklären. Nichts hatte mehr Einfluss auf die Juden im Laufe der Jahrhunderte. Nach genauer philosophischer Betrachtung wird man jedoch erkennen, dass das Gemüt eines menschlichen Wesens zu klein ist, um alle Aspekte der vollen Wahrheit zu erfahren. Wir müssen eine Erklärung akzeptieren, weil wir unser Leben danach, was uns als Wahrheit erscheint, aufbauen und einrichten müssen; aber wir müssen auch die Welt weiter erforschen und in einer Art Schwebezustand verharren, um zu sehen, ob eine andere Erklärung der Wahrheit näher kommt. Im Mittelalter wurden in Europa Menschen durch die christliche Amtsgewalt hingerichtet, weil sie nicht glaubten, dass die Erde das Zentrum des Universums war (bis mehr bekannt wurde und unsere Augen andere Unregelmäßigkeiten bemerkten und so mehr Zweifel aufkamen).

50

Vielleicht kann in einer globalen, überbevölkerten Welt der „Stammes"–Partikularismus" durch einen groß angelegten Universalismus ersetzt werden. Das zugrunde liegende, den Menschen betreffende Konzept sollte der innewohnende Wert eines jeden Individuums sein, unabhängig von allen religiösen, nationalen, rassischen oder ethnischen Wurzeln; - anstelle dem Wohlergehen und Interesse eines auserwählten Teils einer besonderen Gruppe. Die Frage: „ist es gut oder schlecht für die Juden?" bei der Beurteilung irgendeines Problems, sollte zu der Frage werden: "ist es gut oder schlecht für die Menschheit?".

Uneinigkeit:: Man erzählt als Witz, dass, wenn zwei Juden eine Diskussion führen, es drei Meinungen gibt. Geschichtlich gesehen sind Juden zu innerem Dissens geneigt und widersprechen ihrer eigenen sozialen Gruppe. Das Wissen, dass man von Gott ausgewählt ist, spielt eine Rolle im Wesen eines jeden Juden: in seinem Selbstvertrauen, in der Kreativität, in seinem Mut zu wagen und anderen zu widersprechen, oder auch etwas auf´s Spiel zu setzen. „Nichts kann schief gehen, wenn Gott mit dir ist, und eigentlich ist es unwichtig, ob er es ist oder nicht – das, was zählt, ist die eigene Auffassung bzw. Vorstellung". Die Wahrheit ist nicht irgendwo weit draußen – ganz allein wie der Fels von Gibraltar – sondern in der Seele eines jeden wie in Stein eingemeißelt.

Wenn man zu Auserwählten gehört, erfordert dies eine Gemeinschaft der Auserwählten. Außerdem brachte die

Feindseligkeit der nicht Gewählten die Juden dazu, sich komfortable Wohngegenden zu sichern, wo der gemeinsame Glaube, die Religion, die Sitten und die Geschichte sie verbanden. Trotz ihres Widerspruchsgeistes herrscht bei den Juden ein äußerst starker Zusammenhalt. Auf der ganzen Welt haben sie Freunde und Hilfe gefunden, wo immer sie in einem fremden Land ankamen. In ihrem persönlichen Dasein und auch in ihrem Gemeinschaftsleben zeigten sie eine geschlossene Front, unauffällig vielleicht, aber real. Die innere Gespaltenheit, die sich durch ihre Geschichte zieht, war jedoch oft ernst und tragisch.

Von Anfang an war das jüdische Volk geteilt in die, welche Jahweh treu bleiben wollten und in jene, die heidnische Idole verehren wollten. In die, die Juden bleiben wollten und in jene, die sich in der vorherrschenden Kultur assimilieren wollten. In der Antike gab es Revolutionäre wie die Maccabäer und die Zealots; Gruppen wie die Seducäer und die Pharisäer. Vor Jahr 7 v. Chr., als Jerusalem von den Römern zerstört wurde, bekämpften sich die Splittergruppen bis auf's Blut; nicht eine von ihnen suchte einen Kompromiss. Während des Holocaust taten amerikanische Juden nicht genug, um jene zu retten, die aus den anderen Ländern vertrieben worden waren. Zur jetzigen Zeit gibt es ultra-orthodoxe, orthodoxe, konservative und reformierte Zweige, dazu außerdem eine stattliche Anzahl von klassischen Organisationen und Rabbis mit ihren treuen Anhängern. Je nach ihren Herkunftsländern sind sie Ashkenazim, Sephardim oder orientalische Juden und alle haben ihre eigenen Geschichten und Berichte. Einige halfen Juden, der Verfolgung durch die Nazis zu entkommen, andere wiederum lehnten es ab, sich zu beteiligen. Es gab auch Juden, die aktiv für den Kommunismus, den Sozialismus, die Gewerkschafts-Bewegung arbeiteten, - praktisch im ganzen vorstellbaren Spektrum.

Jesus, der Jude, war einer dieser Revolutionäre. Er wurde als Jude geboren und erzogen und starb als ein solcher; aber in seinem Leben erkannte er, dass nicht nur Juden sondern alle menschlichen Wesen Gottes Kinder sind: die Unterdrückten, die Verzweifelten, die Sündigen, die Fremden – und Gottes Liebe ist für alle da. Außerdem betrachtete er das strenge Festhalten und Befolgen religiöser Gesetze als sinnlos, wenn – im Leben – keine Bemühung unternommen wird, den Willen Gottes durch gute Taten und Menschenfreundlichkeit zu befolgen. Jesus, der Revolutionär, gab die Vorstellung von der Exklusivität der Juden auf und kam zu der Überzeugung, dass es einen Universalismus, ein Allumfassendes für die gesamte Menschheit gibt. Er sah, dass es weniger wichtig war, Rituale zu befolgen als ein Leben voller Mitgefühl und Hilfe für andere. Jesus schrieb kein einziges Wort und möglicherweise zitieren die Evangelisten Dinge, die er niemals sagte. Das erste Evangelium wurde 60 Jahre nach seinem Tod geschrieben, und auch im Christentum verbanden sich Mythen, Projektion, hoffnungsvolle Wünsche und zielbewusste Auslegung in eine Religion und Theologie, die Jesus heute – da bin ich sicher - nicht mehr erkennen würde. Im Christentum und in der jüdischen Religion überwiegen Glaube, Hoffnung, Notwendigkeit und Wunsch nach Sicherheit trotz Zweifeln und rationellen Argumenten.

In Israel gibt es heute viele Dutzende von politischen Parteien. Alle bekämpfen sich unerbittlich. Sie verteilen sich auf verschiedene Gruppen: jene, welche die Führung herausfordern bzw. angreifen, und jene, die vereinigt sein wollen; jene, die zu einem Kompromiss um des Friedens willen bereit wären, jene, die eher Krieg als einen Kompromiss haben möchten; jene, die Zionisten sind und hinter dem Staat Israel stehen und jene, - wie die orthodoxen Anhänger von Neturei Karta – die orthodoxe Juden sind und vereint gegen den Zionismus kämpfen. Die Nationale Religiöse Partei und die Ultra-Orthodoxen vertreten den äußerst rechten, fundamentalistischen Flügel und haben großen Einfluss auf die israelische Politik, und dadurch auch auf die Politik der Vereinigten Staaten.

Mitten unter ihnen gibt es eine große Zahl von links-gerichteten Friedensorganisationen, die gegen die israelische Besetzung kämpfen, gegen Hausabbrüche, für die Rechte der Palästinenser, für die Rückkehr zu einer „Jüdischkeit" und zur „jüdischen Seele", die – wie sie finden – Israel verloren hat aufgrund der Besetzung und Unterdrückung der Palästinenser.

Trotz all dieser Differenzen stimmen religiöse und weltliche Juden überein, dass Israel ihnen wichtig ist, ob sie nun in Israel wohnen oder entschlossen haben, in einem anderen Land zu leben. Sie lieben Israel, auch wenn sie sein Handeln kritisch sehen. Arthur Herzberg sagt:

> „Das heutige Israel führt Juden weit weg von ihren Jahrhunderte alten Streitereien zum Grundgestein ihrer innersten Identität. Es bürgt dafür, das wir ein ewiges Volk sind."

Aussenseiter. Wo er auch lebte, der Jude war während der Diaspora-Jahre immer ein Außenseiter. Er und seine Familie mussten sich einen Platz in einer Gesellschaft suchen, die sie tolerierte – die sich jedoch plötzlich gegen sie wenden konnte. Er musste ständig bereit sein zu fliehen. Er war nirgends zu Hause. Sogar Freunde wandten sie gegen ihn, wenn es Schwierigkeiten gab. Den größten Beweis hierfür liefert Deutschland: ein aufgeklärtes Land, das anfänglich Platz machte für ihn und sein Jüdischsein akzeptierte und dann den Völkermord, der Holocaust genannt wird, auf sie losließ.

Die Welt war den Juden gegenüber distanziert, wahrte Abstand. Jedoch auch die Juden selbst – stolz auf ihr Ausgewähltsein durch Gott – verhielten sich distanziert; sie blieben lieber unter sich. Ein greco-ägyptischer Priester namens Mancho beklagte es: „... dass die Juden nicht mit uns essen und trinken, sie nehmen nicht an unseren Gesellschaftsabenden teil, sie heiraten nur Juden, und sie glauben, dass ihr Gott dem unseren überlegen ist". Spaetere Römer, wie Cicero und Seneca, äusserten auch Beschwerden über diese Charakterzüge.

Arthur Herzberg fragte in seinem Buch: "Haben die Juden ein mitwirkendes Verschulden am Antisemitismus? Die Antwort ist fundamental und unvermeidbar, ja. Ihr Beitrag zum Judenhass besteht darin, dass sie darauf bestehen, Juden zu sein. Dadurch fordern sie so die dominierenden Dogmen heraus."

Juden haben immer dafür gekämpft, eine separate und spezielle Kultur aufrecht zu erhalten, sogar während sie versuchten, von der Mehrheit akzeptiert zu werden. Hat das vielleicht zur Entstehung von Antisemitismus beigetragen? Ich erinnere mich von meiner deutsch-nationalistischen Kindheit – dem Staat loyal verbunden – an eine stille Abneigung gegen jene, die das Beste, was Deutschland zu bieten hatte, annahmen, jedoch sich abseits hielten und inbrünstig hofften, „nächstes Jahr in Jerusalem zu sein". Ich füge das hier nur an – nicht zu zeigen, dass ein Aktion falsch oder richtig ist – sondern dass jede Handlung und Haltung Auswirkungen haben kann und möglicherweise Konsequenzen nach sich zieht. Viele Juden (selbst wenn man die Uneinigkeit des jüdischen Volkes bedenkt) sehen sich selbst nicht zu allererst als menschliche Wesen und dann an zweiter Stelle als Bürger von England, Frankreich etc. Sie sehen sich selbst zuerst und vor allem als Gottes auserwähltes Volk. Dieser Partikularismus und diese Separiertheit wirkt zweifach: von ihnen verursacht und ihnen gleichermaßen aufgezwungen.

DER STAAT ISRAEL

Israel, Jüdisch und Demokratisch

Israel ist ein schönes Land, gut organisiert, mit allen Annehmlichkeiten und modernen Einrichtungen anderer fortschrittlicher Nationen der Welt. Es gehört zu den ersten in Wissenschaft und wissenschaftlichen Leistungen, in Kunst, Musik, Film, Theater, Restaurants usw., eine wahre Heimat für Juden aus der ganzen Welt. Wenn man am Flughafen von Tel Aviv landet, umweht einen der süsse Durft von Orangenblüten, und die milde, zarte Brise umhüllt einen mit dem Versprechen schöner kommender Tage. Ich liebte Israel von ganzem Herzen. Ich genoss den Anblick der Landschaft, ich liebte Israels Freiheit, sein freundliches Wilkommen und seine Geschichte mit den vielen exotischen Merkmalen, die so verschieden von meinem Herkunftsland sind. Aber was Besucher sehen ist nicht das Ganze.

Der Zionismus ist eine Bewegung, die von Theodor Herzl im 19th Jahrhundert mit dem Ziel gegründet wurde, den verfolgten Juden der Welt eine Heimat in ihrem Herkunftsland zu geben. Der Holocaust in Europa beschleunigte dieses Bedürfnis mit dem Resultat, dass, im Jahre 1948, die Vereinten Nationen Israel Eigenstaatlichkeit gewährten als "eine Heimat für die Juden." Es war auch von Anfang an ganz klar, - obwohl nicht ausdrücklich angegeben, - dass "eine Heimat für die Juden" beabsichtigt wurde und zwar als ein jüdischer Staat mit voller Souveränität und Macht in jüdischen Händen – und allein für Juden. Die Entwicklung wird im Detail und mit dem dringenden Wunsch nach Ehrlichkeit und Wahrhaftigkeit in Michael Neumann's Buch "Der Fall gegen Israel" ("The Case against Israel") beschrieben.

Der Zionismus versuchte, die Rückkehr des jüdischen Volkes in ihr Ursprungsland zu erreichen, und benutzte dabei den Spruch "ein Land ohne Menschen für ein Volk ohne Land." Jedoch im Jahre 1919 schrieb David Ben-Gurion:

> "Jeder sieht das Problem in den Beziehungen zwischen den Juden und den [palästinensischen] Arabern. Aber nicht jeder sieht, dass es keine Lösung dafür gibt. Es gibt keine Lösung! ...Der Konflikt zwischen den Interessen der Juden und den Interessen der [palästinensischen] Araber in Palästina kann nicht durch Sophismus bzw. Scheinargumente gelöst warden. Ich kenne keinen palästinensischen Araber, der damit einverstanden wäre, das Palästina uns gehört, --- auch wenn wir sogar arabisch lernten ... Hier handelt es sich um eine nationale Frage.

Wie wollen, dass das Land uns gehört. Die Araber wollen, dass das Land ihnen gehört."[7]

Dieses Zitat zeigt, dass es von Anfang an völlig klar war und Einverständnis darüber bestand, dass die Rückkehr der Juden nach Israel für die Araber den Entzug der Bürgerrechte und Ausweisung nach sich ziehen würde. Als der Krieg nach Gewährung der Souveränität ausbrach, verliessen 700,000 arabische Einwohner in Todesangst ihre Häuser. Die meisten erwarteten, dass sie bald zurückkehren würden. Viele wurden getötet oder vertrieben durch die israelischen Streitkräfte, die die neue Politik mit dem Mandat des "Transfers" der existierenden Bevölkerung befolgten. Diese früheren Einwohner von Palästina wohnen jetzt in Flüchtlingslagern in angrenzenden Ländern sowie in der West Bank und Gaza und in arabischen Dörfern, auch in Israel. Während Israelis den Unabhängigkeitstag feiern, gedenken Palästinenser der "Naqba", der Katastrophe, als sie aus ihrem Land vertrieben und der Besetzung unterworfen wurden.

Heute sind 1,573,000 Araber, und damit 20% der Bevölkerung, israelitische Staatsbürger in einem Land mit 7,500,000 Einwohnern. Sie haben die israelische Staatsbürgerschaft, leben aber in überfüllten und verwahrlosten Dörfern, oft ohne gepflasterte Strassen, Postdienst, Hausnummern, ohne Versorgungsbetriebe, ohne Parks, Kinderspielplatze oder offenen Raum. Mehr als 400

---

[7] Segev, Tom "Über Palästina" Complete S. 116

arabische Dörfer wurden entvölkert und sind von der Landkarte verschwunden. Von Amtswegen werden Arabern keine Baugenehmigungen erteilt, und jedes von den ohne Genehmigung errichteten Gebäuden wird zerstört. Die Folge ist, dass viele Leute obdachlos sind. In arabischen Dörfern in Israel werden 10 Tausende von Wohnstätten als illegal angesehen, und die Bewohner leben mit der ständigen Drohnung der Zerstörung. Hohe Mauern trennen jüdische Siedlungen von arabischen Dörfern, und zahllose militärische Kontrollpunkte behindern die freie Bewegung der Bevölkerung. Land für Ackerbau und Viehzucht, das arabischen Familien gehört – und dies oft seit Hunderten von Jahren – wurde, und wird immer noch konfisziert ohne jede Entschädigung und den jüdischen Siedlern zum Wohnen und Bewirtschaften übereignet. Dadurch werden die arabischen Familien des Einkommens von ihrem Besitz beraubt. Tausende von Palästinenser sind im Gefängnis eingesperrt, und zwar in "Verwaltungshaft", und dies bedeutet Einkerkerung ohne Gerichtsverfahren, oft in Einzelhaft. Sind wir entsetzt darüber? Guantanamo hält seit 2004 hunderte von vermuteten Terroristen ohne Prozess gefangen.

In June 1967, nach einer Steigerung von Spannungen zwischen Israel und den umgebenden arabischen Staaten Ägypten, Syrien und Jordanien, fing der Sechs-Tage Krieg an, indem Israel überraschende Bombenangriffe gegen ägyptische Flugfelder ausführte und in drei Tagen die West Bank, Gaza, die Golan Hügel und Ost-Jerusalem eroberte. Miko Peled, dessen Vater Matti Peled einer der Generäle in der Kampagne war, erzählt in seinem Buch "The General's Son", dass sein Vater einen begrenzten Krieg mit Ägypten erwartet hatte, um die Ägypter zu bestrafen für Verletzung eines Waffenstillstandes und um Israeli Macht zu demonstrieren. Die Eroberung des Palästinensischen Landes beunruhigte ihn sehr, denn das war niemals Teil eines offiziellen Plans gewesen. Während der ersten Sitzung des Generalstabs nach dem Krieg, sprach General Peled diese schicksalschweren Worte: "Zum ersten Mal in Israels Geschichte finden wir uns Auge in Auge mit den Palästinensern, ohne von anderen arabischen Ländern getrennt zu sein. Jetzt haben wir Gelegenheit, den Palästinensern einen eigenen Staat anzubieten."[8] Er warnte auch, dass, wenn Israel dieses Land behalten würde, sich ganz bestimmt populärer Widerstand gegen die Besatzung entwickeln würde. Er sah grossen moralischen Schaden für den jüdischen Staat wegen der ganz sicheren Notwendigkeit, die Palästinenser brutal unterdrücken zu müssen. Keiner hörte auf ihn. Statt dessen wurde ihm von Yitzhak Rabin gesagt, dass das politische Klima zu der Zeit solche Diskussionen nicht erlauben würde.

Im Gegensatz zu Ost-Jerusalem wurde die West Bank nicht von Israel annektiert, verblieb aber unter israelitischer Militärkontrolle und wird von Israel Judäa und Samaria genannt. Hier wohnen ungefähr 2,000,000 Palästinenser und ca. 750,000 Juden, die in illegalen und international nicht anerkannten Siedlungen leben, einschliesslich Ost-Jerusalem. Begrenzte Zufahrtstrassen durchziehen die Westbank kreuz und quer, um die illegalen

---

[8] Miko Peled, *The General's Son'*, Seiten 48/49

Siedlungen, die von jüdischen Bewohnern besetzt sind, miteinander zu verbinden und die Palästinenser aus ihrem Land und den benachbarten Dörfern herauszudrängen.

Das Leben in der Besatzungszone ist unbeschreiblich schwierig. Dörfer und Häuser sind meist armselig, eng und übervölkert, waren vielleicht gross genug vor 50 Jahren, aber nun nicht mehr, wenn das Haus drei Generationen von Eltern und Kindern beherbergen muss. Ein Palästinenser darf nicht bauen oder an sein Haus anbauen ohne Genehmigung, und Genehmigungen werden nicht erteilt. Wenn er trotzdem versucht zu bauen, kommen die Soldaten und reissen das Bauwerk ein. Hohe Mauern, wie um ein Ghetto, stehen auf der Innenseite der Grenzen, die Israel von den von Palästinensern bewohnten Gegenden trennen. Wasser wird zuerst zu den jüdischen Siedlungen gepumpt, erst dann erhalten die Palästinenser Zugang zu Wasser für nur ein paar Stunden am Tag. Jeder Ausgang erfordert stundenlanges Stehen an den Kontrollstellen. Medizinische Versorgung ist minimal, und manchmal sterben Patienten in Ambulanzen, weil die Armee die Kontrollpunkte nicht für den Durchgang öffnet. Palästinensische Farmprodukte müssen manchmal stundenlang in Lastwagen warten, bevor sie durchgelassen werden, und manchmal verrotten sie auf den Feldern, weil die Soldaten den Zugang verwehren. Die Last auf den Menschen ist ungeheuer: die Schwierigkeiten, Arbeit zu finden, um für seine Familie sorgen zu können, zur Arbeit oder Schule durch Kontrollpunkte und Strassensperrungen zu kommen, die Hoffnungslosigkeit und Verzweiflung, die jedem neuen Tag unterliegt, der Zwang, die Beleidigungen der Besatzungsmacht zu ertragen und die fortwährenden Bemühungen, den Respekt vor sich selbst aufrecht zu erhalten, während man als zweitrangiger Mensch behandelt wird.

Versuche einer friedlichen Lösung haben in 45 Jahren keinen Erfolg gezeigt, wobei das Haupthindernis aus den besetzten Gebieten und Ost-Jerusalem besteht. Es wurde mir klar, dass die wunderbare Gesellschaft, die ich am Anfang meines Aufenthaltes in Israel so sehr bewunderte, ein anderes Volk gewaltsam von seinem Land vertrieben und ihr eigenes Land auf dem Leid und dem Verlust der eingeborenen Bevölkerung aufgebaut hatte.

Hinter dem süssen Duft der Orangenblüten und dem sanften Wind hält der Staat Israel, der auf dem Fundament des Zionismus gegründet wurde, die Erinnerung an den Holocaust und das jüdische Leid am Leben, und zwar absichtlich und für die eigenen Zwecke; es zeigt sich keine Betroffenheit über die Austreibung und Unterdrückung der Palästinenser und auch kein Mitleid für sie.

Die Mythen des Zionismus

Die Erklärung der Gründung des Staates Israel lautet folgendermassen:

> Nachdem es gewaltsam aus seinem Land vertrieben wurde, hielt das Volk dem Land während der ganzen Zeit der Diaspora die Treue und hörte niemals auf, für seine Rückkehr dorthin zu beten und darauf zu hoffen, dort wieder in neuer politischer Freiheit leben zu können.

Prof. John Rose untersucht in seinem Buch "Die Mythen des Zionismus" einige dieser Mythen, die den Kern des Zionismus bilden und die Voraussetzung für die Schaffung und die fortdauende Unterstützung der Existenz des Staates Israel sind. Der "Oxford Dictionary" unterscheidet zwischen einer Lüge, die eine "absichtlich falsche Aussage" oder eine "vorsätzliche Täuschung" ist, und einem Mythos, eine "weitverbreitete, aber falsche Vorstellung", ohne unbedingt eine täuschende Absicht zu haben. Wie Ben-Gurion erklärte:

> "Es ist nicht wichtig, ob eine Erzählung eine genaue Aufzeichung eines Geschehens gibt, oder nicht. Was von Wichtigkeit ist, liegt darin, dass die Juden es glaubten, und

zwar seit der weit zurückliegenden Zeit des Ersten Tempels."

Jedoch – wie Prof. Rose schreibt – für Menschen, die Ungerechtigkeit und Unterdrückung aufgrund eines Mythos oder einer Falschheit erleben, ist es nicht von Bedeutung, ob ihrem Leiden eine vorsätzliche Lüge oder eine falsche Vorstellung zu Grunde liegt.

Die Bibel als Mandat:

David Ben-Gurion, der wichtigste Gründer und erste Premierminister des Staates Israel, stützte das Recht der Juden an dem Land Israel auf:

- Die historische Wahrheit der Bibel

- Das Versprechen, das Gott seinem auserwählten Volk gegeben hatte, und

- Die Existenz des alten Israelitischen Königreichs David (ungef. 1000-900 v.Chr.)

Dies ist der Punkt, der durch archäologische Entdeckungen der letzten fünf Jahre am meisten ins Wanken gerät. Die Ausgrabungen lassen den Exodus bezweifeln und damit auch Moses auf dem Berg Sinai und die Gesamtstruktur der Bibel selbst (wie zuvor erklärt). Die Archäologen unternahmen immer wieder Ausgrabungen von Jerusalem und konnten doch keine Beweise für irgendeine Besiedlung im 10. Jahrhundert v.Chr. finden, keine Monumentalarchitektur, keine Tonscherben; keine einzige Spur irgendeiner literarischen Aktivität in diesem Zeitraum wurde jemals entdeckt. Das grosse Königreich, wie in der Bibel beschrieben, bestand weniger als 100 Jahre und ist, laut Prof. Finkelstein und Silvermann, "die pure Erfindung von einigen der kreativsten Märchenerzählern der alten Welt." Sie sind sicher, dass Jerusalem zur Zeit König Davids nicht mehr als ein kleines Stammesdorf war, wo heidnische Götter noch immer verehrt wurden, Seite an Seite mit Jahweh und seiner Begleiterin Asherah.

Die Bibel wurde viel später niedergeschrieben, und zwar während des Babylonischen Exils und der Persischen Periode. Jeremiah, ein Prophet dieser dunklen Tage, schrieb in Jeremiah VIII:8: "Wie kannst du sagen; 'wir sind weise, und das Gesetz des Herrn ist bei uns'. Aber, siehe da, die falsche Feder der Schreiber hat es in eine Lüge umgewandelt." Dachte Jeremiah schon darüber nach, ob die falschen Mythen in die Bibel integriert worden waren?

Die Bibel lässt einen glauben, dass das kleine Land Canaan nur von den Israeliten besiedelt war, die sich dort niedergelassen hatten. Es war jedoch in dieser Zeit nicht nur von ihnen bevölkert, sondern auch von Canaanischen Hittiten, Amoriten, Perizziten, Hiviten, Girgahiten, Jebusiten, Philistinern, Ammoniten, Moabiten und Edomiten, die ihre eigenen beträchtlichen Stadtstaaten, ihre eigene Regierung, ihre eigenen Götter und ihre eigene Kultur hatten.

Prof. Rose ist der gleichen Meinung, wie Finkelstein und Silvermann, dass die Bibel

> "eine heilige Schrift von einmaliger Vollkommenheit und geistigem Genie ist … eine epische Sage, zusammen gewebt aus einer erstaunlich reichen Sammlung historischer Schriften, Memoiren, Legenden, Volksmärchen, Anekdoten, königlicher Propaganda, Prophezeihung und antiker Poesie[9].

… aber sie ist nicht Geschichte, und deshalb sollte man sich ihr mit Vorsicht nähern..

Exil, die kennzeichnende Charakteristik der Juden.

Der Zionismus führt seine Daseinsberechtigung auf die Tatsache zurück, dass die Juden seit dem römischen Exil heimatlos durch fremde Länder gezogen sind und sich nach der Rückkehr in ihr eigenes Heimatland gesehnt haben.

Jedoch haben blühende jüdische Gemeinden in vielen Teilen des Mittleren Ostens schon lange vor 70 vor Chr. bestanden, als die Römer die jüdische Revolte in Judäa niederschlugen und den Tempel in Jerusalem zerstörten. Es gab Niederlassungen in der babylonischen Zeit im Irak und Iran, die bis zur Gründung Israels gut geführte und blühende Gemeinden gewesen waren. Das

---

[9] John Rose "The Myths of Zionism, # 25

gleiche trifft zu für Elephantine in Ägypten. Nach dem Sieg Griechenlands in den Jahren 336-323 v.Chr. erfolgte eine Abwanderung vieler Juden in das griechische Reich, aufgrund griechischer Versprechen von Schutz und Respekt. Diese liessen sich mit grossem Erfolg in Alexandrien nieder und machten dadurch nicht weniger als ein Drittel der Gesamtbevölkerung aus. Als das römische Reich die Macht übernahm, siedelten sich viele in den von Rom rund um das Mittelmehr verwalteten Gebieten an. Von dieser Zeit an *lebte die Mehrheit der Juden ausserhalb Israels.* [10]

Die ausgebürgerten Juden sahen Israel oder Judäa oder Jerusalem nicht als ihre "Heimat" an. Heimat war die Stadt und das Land und der Ort, wo man seine Erziehung und Bildung erhielt; der Ort, in den man hineingeboren war.

Achtzehn Jahrhunderte jüdischen Leidens.

In der zionistischen Geschichtsanschauung waren jüdische Gemeinden in der Diaspora im ganzen Mittleren Osten, Europa, China und zuletzt in Amerika machtlos und verarmt und sehnten sich nach der Rückkehr in ihr Heimatland. Theodore Herzel sagte dazu, dass einzig und allein die Zurückführung der Juden nach Palästinien dieses Leid beenden könnte. Moderne jüdische

---

[10] 10 John Rose, page 39

Nachforschungen haben endlich ergeben, dass es in der Antike nicht nur eine blühende Kaufmannsklasse gab, sondern auch eine riesige Anzahl reicher Händler, Regierungsbeamter, Entdecker, Vermittler, Linguisten und Wissenschaftler, die es bis zur Neuzeit gab. Juden, weit davon entfernt, an den äußeren Rand der Gesellschaft gedrängt zu sein, waren oft im Zentrum der Macht aufgrund ihrer Bankerfahrungen und Verbindungen mit regierenden Häusern.

Es stimmt, dass Juden einen höheren Steuersatz zahlen und sich an die herrschenden Regierungen anpassen mussten, aber ihre Rolle in der Wirtschaft und ihre außergewöhnlichen Fähigkeiten waren von unschätzbarem Wert und schützten sie daher. Ihr Reichtum und ihre wirtschaftliche Stellung überzeugte auch andere Religionen und Staatsangehörige, zum Judentum zu konvertieren.

Es gab auch Zeiten, in denen Antisemitismus Gefahr für Leben und Eigentum darstellte, wie die Kreuzzüge und christliche Inquisition, in denen Vertreibung und Abwanderung in weniger gefährliche Länder stattfand. Der Holocaust, bei weitem die schrecklichste Verfolgung der Juden, verstärkte die zionistische Überzeugung, dass ein jüdisches Heimatland eine Oase für Juden gewährleisten würde. Aber auch harte Zeiten führten nicht zu einer universellen jüdischen Rückkehr nach Jerusalem und Palästinien. Selbst nach der Gründung des jüdischen und demokratischen Staates Israel bevorzugten viele Juden aus verschiedenen Ländern die Einwanderung in die Vereinigten Staaten anstelle von Israel. Heute haben auch Deutschland und Polen steigende Zahlen von jüdischen Bürgern trotz deren Rolle im Holocaust.

Wir müssen allerdings auch zugeben, wie „intensives anti-jüdisches Gefühl" genährt wird, wenn Juden anderen Demokratie in dem Land verweigern, das sie ausschliesslich als ihnen gehörend betrachten.[11]

'Wir' Juden 'Sie' Araber: Ein anderer fundamentalistischer zionistischer Mythos ist, dass Araber und Juden (Araber = minderwertig) so verschieden sind, dass sie nicht zusammen leben können. Es ist sehr interessant zu sehen, wie die Spaltung unter den Juden ihre Überzeugungen beeinflusst, je nach ihrem Herkunftsort.

Die Sephardim, Juden, die ursprünglich in Spanien und dann auch in anderen muslimischen Ländern von Nordafrika und im Nahen Osten lebten, sowie die orientalischen Juden (Mitzrahim), die seit Jahrhunderten im Irak und Iran und Palästinien ansässig waren, sind nicht so sehr in den Holocaust verwickelt, sondern haben in der Tat eine arabisch-jüdische Kultur durch eine enge Beziehung zu ihren arabischen Nachbarn. In ihren Herkunftsländern lebten sie nicht in separaten Bereichen, sondern in unmittelbarer Nähe.

---

[11] John Rose, #62

Muslime und Juden befolgten ihre eigenen Religionen, waren aber gute Nachbarn, liehen sich gegenseitig Artikel und waren manchmal Co-Besitzer von Häusern. Ihre Musik, ihre gemeinsame kulturelle Umgebung, sogar die arabische Sprache selbst wurde von beiden Gruppen benutzt. Manchmal sehen Sephardim mehr arabisch als jüdisch aus und identifizieren sich auch als arabische Juden.

Im späten neunzehnten Jahrhundert wurde ein verschlossener Raum in einer Synagoge in Kairo, Geniza genannt, entdeckt. Er enthielt Papiere, Verträge, Briefe usw., unberührt seit Hunderten von Jahren, die einen Einblick in die engmaschigen jüdisch-arabischen Gemeinschaften geben. Der Fund bietet ein echtes Bild von dem derzeitigen Leben und zeigt viele Aspekte der Gesellschaft, die damals bestand.

Ashkenazim, die Juden aus Europa, Polen und Russland, halten an dem Holocaust als ewige Erinnung fest, sehen aber Araber als fremd und andersartig. Da Zionismus, von Ashkenazi-Juden gefördert, den Staat Israel gründete und derzeit regiert, tragen beide, der Zionismus und der Staat Israel, den Aufdruck der Ashkenazim-Anschauung. Die Sephardim oder Mizrahim, arabisiert seit Jahrhunderten, wurden abrupt vertrieben aus ihrer kulturellen Heimat und nach Israel gebracht und gezwungen, eine homogene europäische Identität anzunehmen. Sie wurden durch diese verheerende Entwurzelung in "eine tiefgreifende und viszerale Schizophrenie" gestürzt. Prof. Ella Habiba Shohat, in ihrem Essay "Der Mizrahim in Israel - Zionismus aus der Perspektive seiner jüdischen Opfer" gibt tiefe Einblicke in die Seelen der israelischen Bürger, die sich als und mit den Arabern identifizieren.

Ein Land ohne Menschen....

Die Zionisten nannten Palästinien ein vernachlässigtes und armes Land, abgewirtschaft und unterentwickelt, und die Araber in dem Land unfähig oder unwillig, es aufzubessern oder zu verschönern. Sie erklärten, dass es die Juden waren, die "die Wüste zum Blühen brachten" und das Land von einem vernachlässigten Besitz in ein Paradestück verwandelten. In Wirklichkeit war Palästinien vor Israel eine dicht besiedelte Agrargesellschaft mit Tausenden von wohlhabenden Dörfer und einem florierenden Handel mit Olivenöl, Keramik, Seife etc.. Nablus ist ein Beispiel für eine schöne Stadt mit engen Verbindungen zu einer Reihe von Dörfern mit blühenden gesellschaftlichen und privaten Beziehungen, die der Gesellschaft Stabilität und Struktur gegeben haben. Palästinien war definitiv kein leeres Land und nicht vernachlässigt. Ascher Ginsberg besuchte Palästinien 1891 und schrieb[12]:

---

[12] Ginsberg, Asher, zitiert in *Die Dekadenz des Judentums in unserer Zeit, Institut für palästinensische Studien, Beirut, 1969*

"Wir haben im Ausland eine Art des Denkens, dass Palästinien heute fast Wüste ist, eine unbebaute Wildnis, und dass jeder, der Land erwerben möchte, dies tun kann. Aber dies ist nicht der Fall. Es ist schwierig, irgendwo ein unkultiviertes Stück Land zu finden..."

Herbert Samuel, britischer Hochkommissar für Palästinien, schrieb in einem persönlichen Brief an Weizman 1921[13]:

"Ich habe nach einem Jahr in Palästinien eingesehen, dass die Bedeutung des arabischen Faktors durch die Zionistische Bewegung unterschätzt worden war: Wenn nicht sehr vorsichtig vorgegangen wird, könnte es sein, dass das zionistische Schiff auf dem arabischen Felsen zerstört wird ....."

Moshe Sharett [14]warnte 1936:

"Es gibt keinen Araber in Palästinien, der durch die jüdische Einwanderung nicht Nachteile erleidet. Es gibt keinen Araber, der sich nicht als Teil einer Grossen Arabischen Nation fühlt .... Palästinien ist für ihn eine unabhängige Einheit, die ein arabisches Gesicht trägt..."

Es ist offensichtlich, dass der Grund für den heutigen Konflikt die Ansiedlung von einem Volk in dem Land eines anderen war. David Ben-Gurion zeigte, dass er die Situation sehr gut verstand. Er

---

[13] Samuel, Herbert, wie zitiert von John H. Davis *The Evasive Peace*, # 61

[14] Sharett, Moshe, zitiert in John H. Davis *The Evasive Peace*, *#14-15,46*

erklärte in einer Rede vor dem politischen Komitee der Mapai in
1938[15]:

"Dies ist ein aktiver Widerstand von den Palästinensern auf
was sie ansehen als eine Besetzung ihres Heimatlandes
durch die Juden – darum kämpfen sie... In unseren
politischen Argumenten im Ausland minimieren wir
arabische Opposition. Aber lassen Sie uns unter uns nicht
ignorieren, was die Wahrheit wirklich ist. Ich bestehe auf
Wahrheit, nicht aus Respekt vor den wissenschaftlichen,
sondern politischen Realitäten. Die Erkennung dieser
Wahrheit führt zu unvermeidlichen und ernsthaften
Schlussfolgerungen in Bezug auf unsere Arbeit in
Palästinien... die Kämpfe sind nur ein Aspekt des Konflikts,
der im Grunde politisch ist. Politisch sind wir die
Aggressoren und sie verteidigen sich. Militärisch sind wir in
der Defensive und haben die Oberhand ... aber im
politischen Bereich sind sie überlegen. ... Das Land gehört
ihnen, weil sie es bewohnen, während wir hierher kommen,
um es zu besiedeln, und aus ihrer Sicht wollen wir ihnen ihr
Land wegnehmen, obwohl wir es noch nicht betreten
haben."

Während ehrenvolle Männer ihr Unbehagen und ihre Bedenken

mitteilten, wischten die zionistischen Führer diese Zweifel vom

Tisch und bekräftigten ihr Recht auf das Land mit Aggression,

folgend Machiavellis "der Zweck heiligt die Mittel". Ben-Gurion

---

[15] Ben-Gurion, David, *The Histsory of the Haganah*, World Zionist Organization,
1954, # 141-142

fasste die Ziele der Zionistischen Bewegung in der Einführung in die Geschichte der Hagana wie folgt zusammen[16]:

"Zum jetzigen Zeitpunkt sprechen wir von Kolonisation und nur Kolonisation. Es ist unser kurzfristiges Ziel. Aber es ist klar, dass England den Engländern gehört, Ägypten den Ägyptern und Judäa den Juden. In unserem Land gibt es nur Raum für Juden. Wir werden zu den Arabern sagen: 'Geh zur Seite'; Wenn sie Widerstand leisten, werden wir sie mit Gewalt treiben."

Joseph Weitz, ein jüdischer Beamter, schrieb 1940[17]:

"Es ist klar, dass es keinen Platz für beide Völker in diesem Land gibt...Es gibt keinen Raum für Kompromisse in diesem Punkt! Das zionistische Unternehmen bisher in Bezug auf Vorbereitung des Bodens und die Ebnung des Weg für die Schaffung des Hebräischen Staates Israel, war schön und gut zu seiner Zeit, und konnte mit "Land-kaufen" erledigt werden – aber dies bringt nicht den Staat Israel hervor ... und es gibt keine Möglichkeit, ausser die Arabern von hier zu den benachbarten Ländern zu vertreiben, alle von ihnen, nicht ein Dorf, nicht ein Stamm dürfen bleiben. Nur nach einer solchen Reinigung des Landes werden wir Millionen unserer Brüder aufnehmen können, und die jüdische Fragen werden ein für allemal gelöst werden. Es gibt keinen anderen Ausweg."

Und schließlich Menachem Begin[18]

---

[16] Ben-Gurion, David, ibid

[17] Weitz, Joseph, *My Diary and Letters to the Children*, Tel Aviv, 1940

[18] Begin, Menachem, *The History of the Haganah*, World Zionist Organization, 1954

"In unserem Land gibt es nur Platz für Juden".

Die obigen Zitate zeigen, dass die frühen Führer wie Theodore Herzl und Chaim Weisman für die Schaffung einer jüdischen Heimstatt in Palästinien arbeiteten, aber sich diese Heimat immer in Form eines jüdischen Staates vorgestellt haben.. Mit steigender Zahl der Siedler wurde es unausweichlich, dass sich eine Gegenreaktions-Bewegung unter den Arabern entwickeln würde, die befürchteten, die Kontrolle über ihr Land zu verlieren. Es war daher nicht möglich – und es konnte nie möglich sein –, Kolonisation und Siedlung mit friedlichen Mitteln zu befolgen. Die Ziele der jüdischen Führung waren also unvereinbar mit denen der Araber. Konflikt und Reibung wurden unvermeidlich. Die Palästinenser verwendeten Gewalt zum Schutz ihrer Interessen gegen eine wachsende Immigranten-Bevölkerung, und die Juden wiederum wandten Gewalt an in einer feindlichen Umgebung.

Nationen und Organisationen planen sehr oft breit angelegte Strategien ohne Gedanken und Überlegungen für die betroffenen Menschen und die Situation vor Ort. In diesem Fall wurden die Opfer des Holocaust die kollektiven Unterdrücker der anderen. In einer solchen Welt des Konflikts zwischen Opfer und Henker ist es die Aufgabe des denkenden Menschen, wie Albert Camus sagte, nicht auf der Seite die Henker zu stehen.

Wenn man die menschliche Natur betrachtet, konzentrieren sich die Menschen auf „den anderen" oder sind gezwungen, das

Konzept des "anderen" aufzustellen, um Handlungen zu rechtfertigen, die wichtig sind, um ihr eigenes Überleben und ihren Fortschritt zu garantieren. Den Juden, Deutschland "andere", so grausam verfolgt und misshandelt, kann nicht vorgeworfen werden, ihren eigenen Raum haben zu wollen. Es ist kein Verbrechen, das zu wollen, um die eigene Identität zu bewahren. Es ist jedoch ein Verbrechen, wenn andere dabei entmenschlicht und ihnen grundlegende Menschenrechte verweigert werden. Wenn wir Frieden auf diesem stark bevölkerten Planeten haben wollen, muss das Paradigm des Wettbewerbs durch die Zusammenarbeit ersetzt werden. Palästinenser, zunächst bei dem Versuch, ihren Anteil für den Frieden zu tun, gaben 78 % ihres Landes, ein schmerzhaftes Zugeständnis, das all jene beschämen sollte, die dem israelischen Vorwurf glauben, dass Palästinenser nicht bereit sind, Kompromisse einzugehen und ein "Partner für den Frieden" zu sein.

Ich frage mich, wie die Situation heute aussehen würde, wenn Israel ursprünglich als Staat für Juden und Araber gegründet worden wäre, wie mein Freund Dov im Kibbuz gehofft hatte. Das ist nicht geschehen, und wir finden stattdessen zwei verwundete, zielstrebige Parteien "dem anderen" gegenüber. Jede Seite hält an dem gleichen Landstrich fest und verweigert dem anderen das Recht darauf.

Meron Benvenisti[19], die israelischen Demograph, beschreibt den Konflikt als einen

"Stammeskrieg, in dem die Nachkommen Isaaks und Ishmaels über Land mit Steinen und Keulen kämpfen."

Und schließlich die Stimme von Abba Eban, einem der klügsten Staatsmänner Israels und sein leidenschaftlichster Verteidiger:

"Wenn wir darauf beharren, das gesamte Territorium und seine Bevölkerung zu einem jüdischen Staat zu machen, werden wir bald unsere jüdische Mehrheit verlieren, unsere demokratischen Grundsätze, unsere Hoffnung auf endgültigen Frieden, die Vermeidung des Krieges, die Aufrechterhaltung unserer internationalen Freundschaften, die Haltbarkeit des ägyptischen Vertrages und jede Chance auf unseren nationalen Konsens. Der Status Quo ist nicht sehr lebensfähig und die katastrophalste aller israelischen Optionen."[20]

... für ein Volk ohne Land

Bis Ende des 19th Jahrhunderts lebte die Mehrheit der fast 8 Millionen lebenden Juden in Osteuropa, 4 Millionen davon in dem

---

[19] Benvenisti, Meron, *West Bank Enmity Takes on The Marks of Permanence*, New York Times, February 21, 1988, E-2

[20] Von einem Artikel von Abba Eban (früherer Israeli Aussenminister und Ambassador an die UN und die USA) in der New York Times vom 24. Februar, 1988

"Ansiedlungsraum", dem Gebiet zwischen Polen, der Ukraine, Litauen und bis zum Kaukasus, dem Hauptsiedlungsbereich für Juden. Prof. John Rose gibt eine detaillierte Beschreibung der komplizierten politischen Ereignisse um die Wende des Jahrhunderts. In diesem kleinen Buch könnten nur die wichtigsten Ideen erwähnt werden.

Die Pogrome während des letzten Teils des 19th Jahrhunderts hatten eine Anzahl von Ergebnissen. Eine war die Abwanderung der Juden aus den kleinen jüdischen Gemeinden in die größeren Städte und ihre Beschäftigung als Handwerker in der Allgemeinbevölkerung und eine zunehmende Radikalisierung. Dies führte zur Gründung von Organisationen, zur Gewerkschaftsbewegung, zu Sozialismus und Kommunismus, mit dem Ziel, die politische und Menschenrechts-Situation in Russland, Polen und der Ukraine zu ändern. Juden waren in allen von ihnen aktiv. Die Ideen der französischen Revolution lagen in der Luft und förderten die Hoffnung, dass die Aufklärung von Westeuropa auch Osteuropa erreichen könnte.

Zwei jüdische Organisationen mit verschiedenen Zielen entwickelten sich und arbeiteten gegeneinander. Sie waren

- Zionismus (gefördert durch, unter anderem, Herzl, Ben-Gurion und Weitzman), die die Antwort auf das jüdische Problem in einem Heimatland in Palästinien sah, und

- Der sozialistische Bund versuchte, die Situation vor Ort zu ändern und den Menschen Rechte und Perspektiven im Land ihrer Geburt zu geben.. Selbstemanzipation, jüdische Gleichberechtigung und Resistenz gegen alle Formen von Antisemitismus wurden Bestandteil der revolutionäre Ziele.

Politische Manipulationen von Herzl und den Missbrauch des Antisemitismus in der westlichen Welt als unveränderlich zu betrachteten, resultierten in dem zionistischen Versprechen, dass alles gut wäre, wenn Leute ihnen "nach Palästina folgen würden, um eine moderne Nation in unserer alten Heimat zu bauen" (ohne zu erwähnen, dass Araber bereits dort wohnten). Herzl gab auch zu, zum Entsetzen seiner Landsleute, dass er bereit sei, "Antisemitismus zu verstehen und zu verzeihen". Dies erlaubte ihm, eine diplomatische Agenda in Russland zu entwickeln, die den Wind aus den Segeln des Bunds und der Hoffnung der jüdischen Rechte in einem neu organisierten Russland nahm.

Die drei Wege der Emanzipation gegenüber den Juden in Russland und Polen waren:

- Auswanderung nach Amerika
- Auswanderung nach Palästina, oder
- Emanzipation durch den Kampf, um das gegenwärtige Regime zu stürzen.

Die russische Revolution verhinderte die dritte Lösung.

Mit Blick auf diese Entwicklung in einer europäischen und globalen Perspektive erkenne ich, wie eng verbunden die Entwicklungen in der Welt sind, und wie Deutschlands – und möglicherweise des jüdischen Volks Schicksal - beeinflusst wurde von dem, was in Russland passierte. Deutschland verlor den ersten Weltkrieg mit folgender schweren Hungersnot, Reparationszahlungen, territorialem Verlust, Armut und Inflation. Darauf folgte im Jahr 1919 die demokratische Regierung der Weimarer Republik, die leider zusammenbrach. Zwei wichtige politische Kräfte standen sich nun gegenüber, deren Anhänger sich die Kämpfe in den Straßen leisteten, nämlich der international ausgerichteten Kommunisten mit ihrer Basis in Russland und dem national ausgerichteten Nationalsozialismus unter einem obskuren Österreicher mit dem Namen Adolf Hitler. 1933 wurde dieses verwüstete Land mit einer Wahl zwischen zwei Übeln konfrontiert, und Deutschland wählte die nationalistischen Nazis über die internationale Ideologie des Kommunismus.

Unmittelbar nach der Machtübernahme hob Hitler per Erlass viele der wichtigsten Rechte der deutschen Bürger auf. Dies wurde nun benutzt als Rechtsgrundlage für Haftstrafen für jedermann, der als ein Gegner der Nazis galt und Publikationen herausbrachte, die nicht als "freundlich" für die nationalsozialistische Sache galten. Die ersten Häftlinge in den neu errichteten Konzentrationslagern waren Kommunisten. Heute sehen die Historiker dieses Dekret als den wichtigsten Schritt bei der Einrichtung eines ein-Parteien-NS-Staates in Deutschland. Schleichender Verlust der bürgerlichen Freiheiten sollte immer Engagement signalisieren, damit das, was in

Deutschland passiert ist, keine demokratischen Rechte in anderen Ländern überwältigt.

Wir wissen nicht, was geschehen wäre, wenn Deutschland kommunistisch geworden wäre – hätte es den Holocaust und die Verfolgung der Juden und anderer Menschen gegeben? Würde es selbst jetzt einen Staat Israel geben?

Als die Sowjetunion in den 1980er Jahren zerfiel, erfolgte eine massive Abwanderung von über 1 Million sowjetischer Juden, die überwiegend nach Amerika kamen. Premierminister Itzak Shamir intervenierte und bat Präsident Reagan darum, diese jüdischen Emigranten nach Israel umzuleiten. Er versprach dafür, Amerikas Freund im Mittleren Osten zu sein – und der Rest ist Geschichte..

Vom Pogrom zum Holocaust

Wie Prof. Israel Shahak erklärt[21], ist der Hauptunterschied zwischen einem Pogrom und Holocaust, dass der Holocaust inspiriert, organisiert und ausgeführt wird von oben, während ein Pogrom eine Volksbewegung ist, eine Rebellion unterdrückter Leibeigenen zum Beispiel, die sich gegen ihre Besitzer, den Klerus und die Juden wehrten. Die letzteren wurden bekämpft, weil sie vom Adel eingesetzt waren als Steuereinnehmer, Verwalter und Gerichtsvollzieher und somit „das Gesicht" der Unterdrückung darstellten. Juden wurden nicht wegen ihrer Religion, sondern wegen ihrer sozio-ökonomischen Funktion als Vertreter der unterdrückenden herrschenden Klassen verfolgt. Es ist auch wichtig zu wissen, dass die Reichen, der König, der Adel und die Kirchenfürsten im allgemeinen auf der Seite der Juden standen, weil die Tätigkeit der Juden für sie von Nutzen war. Auch in Russland wurden Pogrome durch das zaristische Regime nicht

---

[21] Jewish History, Jewish Religion, pgs. 78-79

unterstützt. aber auch nicht immer verhindert. Revolten entstanden, wenn die Staaten besonders schwach waren. All dies beseitigte natürlich nicht die generelle Unsicherheit, die Gefahr und die Schwierigkeiten, denen die Juden im mittelalterlichen Europa ausgesetzt waren.

Eine andere Art von Angriff, ähnlich wie die Progrome, waren die von Juden auf andere Juden ausgeübten Gewalttätigkeiten, die Prof. Shahak eine "Riot" nennt. Als die Regierungen von Russland, Preußen und Österreich stärker wurden, nahmen sie den Rabbis in den bis dahin jüdischen autonomen Gemeinden die Macht, religiöse Gesetze anzuwenden und Ketzer zu bestrafen. Das normale Strafrecht der Länder trat nun in Kraft. Diese Ketzer hatten angefangen, Fragen zu stellen und eine aufgeklärtere Auslegung zu fordern. Sie konnten nun nicht mehr öffentlich bestraft werden, aber die jüdischen Behörden bestraften durch sogenannte „Riots", Prof. Shahak erklärt, dass „bis 1881 in Russland die Zahl der Riots von Juden gegen andere Juden wahrscheinlich grösser war als die Zahl der Progrome von nicht-Juden gegen Juden.[22]

Der Zionismus verwendet die Pogrome in der Formulierung seiner Ziele als Grund für die Notwendigkeit, eine jüdische Heimstatt

---

[22] Jewish Fundamentalism in Israel, # 133

sicherzustellen, und in späteren Jahren war es der Holocaust selbst, die diese Notwendigkeit bekräftigte.

Der Holocaust überzeugte die Welt von der Dringlichkeit, einen jüdischen Staat aufzubauen, der das Problem der jüdischen Obdachlosigkeit durch das Sammeln aller Juden in ihrer eigenen Heimat lösen würde. Der Holocaust wird im allgemeinen nur als jüdisches Schicksal gesehen, obwohl Millionen anderer Menschen auch seine Opfer waren: Zigeuner, Homosexuelle, Behinderte, Millionen von Slawen und anderer Nationalitäten, sowjetische Kriegsgefangene und politische Dissidenten einschließlich Sozialisten, Kommunisten und Priester. Darüber hinaus verursachte die Gründung des jüdischen Staates auf "Jüdischem Land" die Entwurzelung der Palästinenser, die Beschlagnahme ihres Landes, und den Tod und die Verarmung vieler Menschen.

Es ist schwierig, mit den Ereignissen des Holocaust und seinem unermesslichen Schmerz, Trauer und menschlicher Tragödie fertig zu werden, ohne sicherzustellen zu wollen, dass dies nie wieder Juden oder Menschen aller religiösen, rassischen, ethnischen oder nationalen Gruppen passieren dürfte. Und hierbei gehen wir von dem speziell jüdischen Fall zur universellen Notwendigkeit: von dem jeweiligen jüdischen Ereignis zu ähnlichen geopolitischen Ereignissen in der Vergangenheit.

Ian Kershaw, Hitlers Biograph, brachte zwei Hauptkomponente von Hitlers Weltanschauung zusammen: die Vernichtung des jüdischen Bolschewismus und die Notwendigkeit neuen Lebensraums für Deutschland. Mit anderen Worten: Juden mussten sterben, so dass Deutschland neuen Lebensraum gewinnen konnte. Völkermord ist ein Werkzeug des Imperialismus in seinem Versuch, sich zu etablieren. Opfer wurden nicht beseitigt für was sie getan hatten, sondern einfach, weil es sie gab und sie im Weg waren.

Wo geschah dies vorher? Europäische Kolonisten beseitigten amerikanische Indianer, weil sie auf Land lebten, das von den europäischen Siedlern sehr begehrt wurde. Eingeborene wurden in Australien systematisch eliminiert. Die Türkei marschierte Armenier in die Wüste und ließ sie sterben. Der Wunsch nach Lebensraum sowie der Wunsch nach Erhaltung seines eigenen Volkes führte zur Tötung einer Gruppe, so dass eine andere Gruppe leben kann.

Was ist mit Zionismus und dem jüdischen Staat Israel, fragt Prof. Rose. Sollten die **besonderen** Bedürfnisse der Juden Vorrang haben über die **universellen** Bedürfnisse anderer, hier der Palästinenser? 1948 wurden 750,000 palästinensische Araber von ihrem Land vertrieben. Viele wurden getötet, hunderte von Dörfern wurden dem Erdboden gleichgemacht, damit das Land für illegale jüdische Siedlungen benutzt werden kann. Friedensverhandlungen beginnen und enden und nichts ändert sich, weil Israel das Land „braucht". Bisher hat Israel die

Besetzung der Territorien verteidigt, in dem es sich auf Geschichte und Sicherheit bezieht: Israels Recht auf das Land und seine Verantwortung, es zu verteidigen. Vor kurzen wurde ein dritter Punkt bekanntgemacht: Israel braucht das Land als Lebensraum für Juden.

Der palästinensische Delegate-General von Gross-Britannien, Afif Safieh, schrieb den folgenden Brief im April 2001[23]:

> ...Die israelische politische Regierung hat Palästinenser vier Arten des Verweigerns zugefügt. Zuerst kam die Verweigerung von unserer Existenz. Dann folgte die Leugnung unserer Rechte. All dies wurde von der Verneinung unseres Leidens und ihrer moralischen und historischen Verantwortung für dieses Leiden begleitet. ...

> Ich habe nie "die Nakba mit dem Holocaust verglichen". Meine Überzeugung ist seit jeher, dass es keine Notwendigkeit für Vergleiche und historischen Analogien gibt.

> Kein Volk hat ein Monopol auf menschliches Leid und jede ethnische Tragödie steht für sich selbst. Wäre ich ein Jude oder "Zigeuner", wäre die Nazibarbarei das grausamste Ereignis in der Geschichte. Wäre ich ein Schwarzafrikanischer, wären es Sklaverei und Apartheid. Wäre ich ein amerikanischer Indianer, wäre es die Entdeckung der neuen Welt von europäischen Entdeckern und Siedlern, die zu fast völliger Vernichtung führten. Wäre ich ein Armenier, wäre es das osmanische Massaker. Ich bin zufällig ein Palästinenser, und für mich ist es die Nakba. Die Menschheit sollte alle oben genannten Ereignisse abstoßend finden. Ich halte es nicht für

---

[23] Gedruckt mit Erlaubnis von Plutobooks von "The Myth of Zionism" von John Rose.

ratsam, Hierarchien des Leidens zu debattieren. Ich weiß nicht, wie man Schmerzen oder Leiden messen kann, aber ich weiss, dass wir nicht Kinder eines minderwertigen Gottes sind".

Einblicke und Warnungen aus dem Holocaust und der Nakba (Nachdruck mit Genehmigung des Plutobooks von "Der Mythos des Zionismus" von John Rose):

> "Dieses Kapitel hat versuchte, die Art und Weise zu hinterfragen, wie der israelische Staat den Holocaust für eigene politische Legitimation verwendet hat. Es wird vermutet, dass die *Einsichten und Warnungen* , die sich aus der Untersuchung der Spannungen zwischen *universellen und spezifischen* Aspekten des Holocaust ergeben, in ganz verschiedene Richtungen weisen. In gewisser Weise sind diese *Einsichten und Warnungen* leicht verständlich. Sie decken sich mit und haben dazu beigetragen, was jetzt ein fundierter universalistischer oder internationaler Diskurs über Gerechtigkeit, Menschenrechte und Bürgerrechte ist, mit berechtigten Einwänden gegen koloniale Besetzung, Rassismus in all seinen Formen und die Verteidigung der universelle Rechte von Flüchtlingen. Im wahrsten Sinne des Wortes wird eine neue internationale Moral erfunden. Dies untermauert die feindliche Antwort der internationalen Öffentlichkeit auf die Art und Weise, wie die zeitgenössische israelische Regierung ihre eng gefassten partikularistischen Bedürfnisse angesichts der Bedürfnisse des palästinensischen Volkes sehen."

Peter Novick[24] verlässt uns mit einem abschließenden Einblick in den Gebrauch von Erinnerung über tiefen Schmerz. Er zitiert eine Passage geschrieben von dem Sohn eines

---

[24] Novick, P., The Holocaust and Collective Memory, # 281

Holocaust-Überlebenden, ein Schriftsteller namens Leon Wieseltier, der warnt, dass das kollektive Gedächtnis der Unterdrückung vermitteln kann

"..ein absonderndes Gefühl von Getrenntheit. Es verwandelt Erfahrungen in Traditionen. Weil es Zeit aufhebt und Orte auflöst, bringt kollektives Gedächtnis dem Einzelnen und der Gruppe Skeptizismus, was Besserung betrifft, und bereitet sie nicht auf die Möglichkeit einer Änderung vor. ..... In der Erinnerung an die Unterdrückung lebt Unterdrückung unabhängig weiter. Die Narbe übernimmt die Arbeit der Wunde - Ungerechtigkeit hat weiterhin die Macht, das Bild zu verzerren, lange nachdem es aufgehört hat, real zu sein. Es ist ein posthumer Sieg für die Unterdrücker, wenn Schmerz eine Tradition wird."

Fundamentalismus

Bei meinem Studium des Einflusses der jüdischen Religion auf die Politik Israels wurden mir die Gründe für Deutschlands geplante Ausrottung der Juden (die persönliche Last auf meiner Seele), klar, sowie die Frage, warum die Kinder des Holocausts in Israel die Palästinenser so grausam behandeln. In einem erweiterten Rahmen erhob sich die Frage: was ist die Rolle des Fundamentalismus in religiösen Lehren und nationalen Ideologien? Dieses kleine Buch kann dem enormen Umfang von Information nicht gerecht werden, die in Jahrhunderten von Untersuchungen, Debatten und Kommentaren gesammelt wurden.

Profs. Israel Shahak und Norton Mezvinsky schrieben das Buch *Jewish Fundamentalism in Israel*, in dem sie ihrer Angst Ausdruck geben, dass der jüdische Fundamentalism in Israel ein grosses Hinderniss für den Frieden in der Region ist. Sie erklärten weiterhin:

„Dieses Buch beschreibt unsere Bemühung um Verständnis – oft schmerzhaft, oft langweilig, oft beunruhigend – für uns als Juden, die am Judentum interessiert sind. Mit unseren Herzen und Seelen wollen wir, dass Juden, zusammen mit anderen Völkern, Einsicht entwickeln und nach den höchsten Idealen streben, selbst wenn wir sie nicht erreichen. Wir sehen diese Ideale als Hauptpunkt in den Werten der westlichen Zivilisation und auf die ganze zivilisierte Welt anwendbar. Wir glauben, dass diese Werte nirgendwo dem Frieden im Weg stehen. Es macht uns wütend, dass diese Werte, im Namen von jüdischem Fundamentalismus, Frieden sowie die Entwicklung der Israelischen Demokratie und selbst zivilisierte Gespräche, als Juden und als Menschen, verhindern."

Fundamentalismus ist eine Bewegung oder Einstellung, die strenge und wörtliche Einhaltung einer Reihe von Grundprinzipien definiert und bestimmt. Im Judentum ist es ein Versuch, auf die Zeit zurückzugehen, in der jüdische Gemeinden vor der Moderne lebten. Das Ziel ist dasselbe im Judentum, Christentum und Islam, nämlich die Restaurierung und Wiederherstellung des "ursprünglichen reinen Glaubens", der in der Vergangenheit existiert haben soll.

25-30 % der Israelis betrachten sich als weltlich und das umfasst diejenigen, die von westlichen Ideen der Menschenrechte, Vernunft und Aktivismus beeinflusst werden; 50-55 % sind traditionell mit verschiedenen religiösen Richtungen verbunden, während etwa 20% religiös fundamentalistisch ausgerichtet sind. Dies unterwirft etwa 70% der Bevölkerung unterschiedlicher religiöser Indoktrination. Religiöse Juden in Israel werden wieder in zwei

Gruppen eingeteilt. Die religiös extremen Haridim kamen aus chassidischen Gemeinden in Osteuropa und waren Gegner der jüdischen Aufklärung während des 19th Jahrhunderts, welche sich nicht den strengen Regeln der Rabbiner unterwerfen und anstatt moderne Ansichten im jüdischen Gottesdienst und Gemeindeleben einführen wollten. Sie tragen schwarze Wollmäntel und Hüte und bilden einen Grossteil der talmudischen Studenten.

Religiös-nationale Juden sind etwas moderner, und die meisten tragen gestrickte Kippa. Sie bilden einen großen Teil der Siedlergemeinden und verteidigen energisch "ihr Recht" auf das Land Israel. Sie haben auch einen außerordentlichen Einfluss auf die israelische Politik, weil die israelischen Wahlgesetze das Bilden von Koalitionen erfordern. Religiöse Gruppen, wenn sie gebeten werden, eine Koalition zu bilden, verlangen daraufhin Anpassung an ihre Forderungen im öffentlichen Leben. Sowohl die Likud und die Labor Parteien verneigen sich in Ehrfurcht vor den religiösen Interessen.

Die Thora erzählt, dass Gott dem Abraham und seinen Nachkommen das Land "von dem Fluss von Ägypten zu dem großen Strom, dem Euphrat" gab. Obwohl sie darauf beharren, dass ihnen das Land von Gott versprochen wurde, unterlassen es die Zionisten klugerweise, diejenigen Teile, die jetzt im Besitz von Ägypten, Libanon, Syrien, Jordanien und Irak sind, nicht auch noch zu beanspruchen.

Jüdische Fundamentalisten in Israel gehören einer ganzen Reihe von Gruppen an, die zum Teil verschiedene Perspektiven und Anliegen haben. Abgesehen von den Überzeugungen, dass Juden besonderer Art sind und Israel abseits ist von anderen Nationen, ist es auch wichtig zu bemerken, dass für die orthodoxen Juden die Torah selbst nicht so wichtig ist, es sei denn, sie wird besonders kommentiert von talmudischen Schriften. Der Talmud, der vor 1,500 Jahren in Alt-Hebräisch und Aramaisch geschrieben wurde, beinhaltet die Diskussion von sieben oder acht Generationen von Gelehrten. Die ausgedehnten Studien, die jüdische Männer in Yeshivas unternehmen, sind über den babylonischen Talmud und nur zweitrangig über die Torah. Dies schliesst ausserdem fast alle modernen Fächer aus wie Wissenschaften, Philosophie, Sprachen, Literatur, Kunst, etc. Muslemische Fundamentalisten werden in Madrassas ähnlich ausgebildet. Sie konzentrieren sich lediglich auf ihre Religion and ignorieren alle anderen Wissensgebiete.

Mitglieder der politisch religiösen Rechten beharren auf jüdische Einzigartigkeit – ein Auswuchs aus dem Auserwähltheit. Sie hassen auch das Konzept der "Normalität", die Idee, dass Juden wie andere Nationen und andere Menschen leben wollen. Ihre Perspektiven sind extrem, ohne jede Neigung, die Gründe, Fakten, universelle Rechte und Werte, etc. zu prüfen. In dieser Hinsicht sind sie wie die meisten religiösen Juden, nur in grösserem Umfang. Sie sind absolut überzeugt, wie ihre talmudischen Kommentare aussagen, von der Exklusivität und Überlegenheit der Juden und ihrer Trennung von anderen Nationen aufgrund der Werte, die ihnen wichtig sind.

Der Talmud enthält viele Diskussionen über ethische, moralische und mitfühlende Werte, aber auch viele andere, die den Ausnahmecharakter der Juden betonen und ihre religiösen Rechte gegenüber Heiden, d. h. nicht-Juden. Wie Prof Shahak sagt, könnte "weder der Zionismus noch die israelische Politik verstanden werden, wenn die tieferen Einflüsse dieser Gesetze, *und die Weltansichsicht, die sie gründen und mitteilen,* nicht verstanden werden."[25] Hier finden Sie einige Beispiele von Prof. Shahak (nicht direkte Zitate)[26]:

- Jüdisches Leben hat einen unendlichen Wert. Da ist etwas Heiligeres und Einzigartigeres in jüdischem Leben als in nicht-jüdischem Leben. Die gesamte Schöpfung der Nichtjuden existiert nur für die Wohlfahrt der Juden. Der Körper einer jüdischen Person ist von ganz anderer Qualität als der Körper der Mitglieder aller Nationen der Welt.
- Die Tötung von Nichtjuden durch Juden stellt keinen Mord dar. Tötung von unschuldigen Arabern aus Gründen der Rache ist eine jüdische Tugend. Ein jüdischer Arzt darf keinen nichtjüdischen Patienten behandeln oder einer nichtjüdischen Frau beim Gebären helfen.

---

[25] Shahak, Israel, Jewish History Jewish Religion, @ www.plutopress.com

[26] Shahak, Israel, Jewish History Jewish Religion, Abschnitt 2 und 3

- Jede Art von Täuschung gegenüber einem Juden ist eine schlimme Sünde. Indirekte Täuschung eines Nichtjuden ist erlaubt.
- Alle Verbote gegen eine Tat gegenüber einem Nichtjuden können verziehen werden, wenn die Gefahr besteht, dass dadurch Juden Schaden nehmen könnten.
- Der Hass auf die westliche Kultur mit seinen rationalen und demokratischen Elementen ist häufig in den fundamentalistischen Bewegungen des Judentums und des Islam.

Rabbi Abraham Kook (1865 – 1935), Israels erster Chef der Rabbiner, trug zur Gründung der Siedlerbewegung bei. Er predigte jüdische Vorherrschaft wie folgt::

> "Der Unterschied zwischen einer jüdischen Seele und die Seelen der Nichtjuden - alle auf verschiedenen Ebenen - ist größer und tiefer als der Unterschied zwischen einer menschlichen Seele und der Seele von Rindern"

und

> "Nichtjuden, die unter jüdischem Gesetz in Eretz Ysrael (Land Israel) leben, müssen entweder als Wasserträger und Holzhacker versklavt oder verbannt oder ausgerottet werden."

Das Gleichgewicht der Kräfte bestimmt, wie Nicht-Juden nach dem jüdischen Gesetz behandelt werden sollten. Wenn die Juden politisch schwach sind, sollten sie tun, was notwendig ist, Feindseligkeit und Gefahr für Juden zu verhindern. Wenn sie an der Macht sind, wie die Juden im Staat Israel heutzutage, ist es jedoch ihre Pflicht, gemäss dem Talmud zu handeln, zum Beispiel die Palästinenser zu vertreiben. Barmherzigkeit bezieht sich nur auf Barmherzigkeit gegenüber Juden.

Auf einfachster Ebene bewirken diese Gesetze, dass Nicht-Juden mit Gleichgültigkeit, Verachtung oder Hass behandelt werden und dass dadurch sicherlich die Haltung gegenüber den Palästinensern bestimmt wird. Es sollte auch nicht vergessen werden, was die korrekte Bedeutung von Begriffen wie "Kamerad", "Freund", "Mann", "Nachbar" ist – sie beziehen sich auf einen Juden. Der Spruch "Liebe deinen Nächsten wie Dich selbst" ist wirklich eine Ermahnung, den jüdischen Nachbarn zu lieben.

Obwohl Fundamentalisten nur 20 % der Bevölkerung ausmachen, ist es offensichtlich, dass extreme Staatspolitik Unterstützung findet. Wie Prof. Shahak sagt: "Wer in Israel lebt, weiß wie tief und weit verbreitet diese Haltung von Hass und Grausamkeit gegenüber allen Nicht-Juden ist in einer Grosszahl von israelischen Juden." Lesen Sie die Geschichte von Baruch Goldstein:

Baruch Goldstein, ein Anhänger von Rabbi Meir Kahane, wurde in Brooklyn geboren und ausgebildet in einer Yeshiva und Medizinischen Universität. Er weigerte sich, als Militärarzt in Israel, Araber zu behandeln, auch wenn sie israelische Bürger waren, indem er sagte: "Ich bin nicht bereit, Nicht-Juden zu behandeln. " Auf eigenen Wunsch wurde er nach Kiryat Arba (jüdische Siedlung) verlegt, wo er sich weiterhin weigerte, Araber zu behandeln und verlangte, dass ein anderer Armee-Arzt gerufen wurde, um ihn zu ersetzen. Seine Weigerung zur Behandlung von Nicht-Juden trotz Armee-Befehl war bekannt, aber er wurde nicht wegen Missachtung der Befehle diszipliniert, obwohl er als anti-arabischer Extremist berüchtigt war. Dies zeigt den Einfluss der religiösen Parteien auch in der israelischen Armee

Im Februar 1994 betrat Goldstein in voller Kampfuniform den muslimische Gebetsraum in der Patriarchen-Halle in Hebron und erschoss muslimische Gläubige, kniend im Gebet, meist in den Rücken, tötete 29, darunter Kinder, und verletzte Hunderte. Muslime überwältigten und erschlugen ihn.

Während Goldstein jüdischen Fundamentalismus in seiner extremsten Form darstellte, fand die Regierung sofort Entschuldigungen für das Massaker, in dem es erklärte, dass Goldstein sich unter psychischem Druck befunden habe, weil er so viele verwundete und tote Personen, einschliesslich Araber, behandelt hatte. Die Zeitungensartikel vermieden die Worte „Mord", Massaker", „töten" etc. und druckten statt dessen „Tat", „Ereignis" oder „Vorkommnis". Die unausgesprochene Erklärung ist, dass nach jüdischem Gesetz die Tötung eines Nicht-Juden nicht als Mord angesehen ist.

Innerhalb von zwei Tagen des Massakers wurden Plakate an die Häuser der religiösen Nachbarschaften geklebt, die sich beklagten, dass Goldstein nicht mehr Araber töten konnte. Kinder von religiösen Siedlungen kamen nach Jerusalem mit Knöpfen mit dem

Aufdruck: "Dr. Goldstein heilte Israels Übel." Größere Festlichkeiten wurden in Goldsteins Namen abgehalten ohne Protest irgendeines wichtigen Politikers. Goldstein erhielt eine aufwendige Beerdigung mit Hilfe des höchsten Niveaus der israelischen Regierung. Ein langer Beerdigungzug nahm seinen Weg über Jerusalem, wo die Polizei mehrere belebte Straßen in Goldsteins Ehre schloss. Sein Grab ist ein Wallfahrtsort für die religiösen Siedler sowie Delegationen von religiösen Juden geworden.

Ein Jahr nach der Beerdigung erhielt die Stadt Kiryat Arba die Genehmigung, eine große, wunderbare Gedenkstätte auf Goldsteins Grab zu bauen, die nun ein Ort für Pilgerreisen geworden ist. Tausende von Juden kommen jedes Jahr nicht nur aus den Städten in Israel, sondern auch aus den Vereinigten Staaten und Frankreich, um Kerzen anzustecken und zu beten. Goldstein wird ein Held genannt, ein rechtschaffener Mensch, ein Heiliger und Märtyrer. Rabbiner loben seine Handlung als Vorbild für andere Juden. Goldsteins Handeln verstärkt die Überzeugung, dass Juden ein Recht und die Pflicht haben, die Nicht-Juden zu töten, die in dem Land Israel leben.

Teil des Materials in diesem Kapitel ist von Profs. Israel Shahak und Norton Mezvinsky's Buch *Jewish Fundamentalismus in Israel,* und hier ist die Autoren-Anweisung am Ende dieses Kapitels:

„Die Menschen, vor allem die deutschen, die schwiegen und die Nazi Ideologie nicht verurteilten, bevor Hitler an die Macht kam, sind auch, zumindest im moralischen Sinne, schuldig an den schrecklichen Konsequenzen, die folgten. Genauso diejenigen, die schwiegen und jüdischen Nazismus wie Goldsteins Ideologie nicht verurteilen, besonders wenn sie Juden sind, sind schuldig an den schrecklichen Folgen, die sich durch ihr Schweigen noch entwickeln können."

Prof. Shahak, der im Jahr 2001 starb, war ein höchst ethischer Mann und ein unermüdlicher Menschenrechtsaktivist. Er glaubte, dass eine gnadenlose Selbstkritik Hand in Hand gehen muss mit dem Kampf für Menschenrechte.

STIMMEN ZUR WANDLUNG

Es gibt nichts, was man an der Vergangenheit ändern kann. Clans, Stämme und Nationen entstanden, eroberten andere und vergrösserten sich. Sie entwickelten die Idee eines Gottes und gaben ihm Allmacht und Gesetze, konsolidierten ihren eigenen Charakter und entwickelten ihre eigene Geschichte in Wort und Tat. Alles, was ein Schriftsteller tun kann, ist den spärlichen Spuren zu folgen, die von Leben und Fortschritt zurückgelassen wurden, und die mit Verständnis und Mitgefühl interpretiert werden müssen.

Umgang mit dem Thema des Fundamentalism war schwierig und erinnert an den Rassenhass der Nazis und die daraus resultierende Grausamkeit und Missachtung der Menschlichkeit der anderen. Diese Handlungen bildeten die Last der Schuld und Scham, die ich seit meiner Kindheit getragen habe und die in meiner Hoffnung Ausdruck findet, dass die Menschen lernen, sehen und begreifen werden, dass weder Religion noch Rasse noch Zugehörigkeit zu einer Nation eine Rechtfertigung ist für Unmenschlichkeit gegen andere.

Ich erhebe meine Stimme, um meiner Hoffnung Ausdruck zu geben, dass grössere Klarheit und tieferes Verständnis zu neuen Möglichkeiten führen und Erkenntnisse von mutigen und furchtlosen Menschen zum Frieden im Nahen Osten beitragen werden. Es ist beängstigend zu sehen, wie jeder Plan für die Zukunft auf Schwierigkeiten stösst, und jeder Plan aus einer Anzahl von Gründen fehlschlagen kann. Ich hoffe, dass alle, die den Wunsch haben, unsere gebrochene Welt heilen zu helfen und Gerechtigkeit für alle Menschen anzustreben, durch dieses Buch einige Hinweise für die Reise nach vorne finden werden.

Gegen Unterdrückung - Rabbi Brant Rosen

Rabbiner Brant Rosen, geboren und aufgewachsen in den USA, ist der Mitbegründer und Co-Vorsitzende der Jüdischen Stimme für Frieden und war im Vorstand der Rabbiner für Menschenrechte von Nordamerika. Er ist ein treuer Anhänger seines Glaubens und hat sich zeitlebens mit Israel identifiziert. Wie er in seinem Buch *Wrestling in the Daylight* erkäert, wurde sein jüdischer Glaube stark durch den Zionismus geformt. Er sah sich jedoch als ein "liberaler Zionist", und obwohl er beunruhigt wurde von schlechter oder ungerechter israelischen Politik, sah er dies nur als temporäre Flecken auf einer stabilen Demokratie und einem edlen Nationalprojekt. Dann aber drang Israel 1982 mit überwältigender Militärmacht in den Libanon ein und verursachte große Zerstörung und menschliche Verluste der Zivilbevölkerung. Zu dieser Zeit war er weniger besorgt um die Sicherheit der Palästinenser, aber er war tief beunruhigt durch die allgemeinen Bedenken, dass der Krieg Israels Seele Schaden tun würde, als ob jüdisches Leben wichtiger sei als palästinensisches Leben. Er litt nach wie vor in der Stille, "rang in der Nacht", und kämpfte zwischen seiner Treue zu Israel und seinem Entsetzen über die unmenschliche Behandlung der anderen.

Als Rabbiner einer Gemeinde in den Vereinigten Staaten war er unter großem Druck, unerschütterliche Unterstützung für den Staat Israel zu beweisen und jede Kritik im Zaum zu halten. Aber während der Operation „Cast Lead", dem israelischen Angriff auf Gaza im Jahr 2008, konnte er nicht mehr schweigen, als er Israels Grausamkeit in der Unterdrückung der Palästinenser sah. Er musste seiner Meinung Ausdruck geben, obwohl er wusste, dass das sehr klare berufliche Konsequenzen haben würde. Wie er sagte, konnte er nicht mehr „das Unverzeihliche entschuldigen." Er wusste ohne Zweifel, dass "meine primäre religiöse Motivation aus meiner geerbten jüdischen Tradition kommt, von dem Gott, der mir befiehlt, mich auf die Seite der Unterdrückten zu stellen und die Unterdrücker anzuklagen .... Wenn wir die Menschlichkeit eines anderen Menschen verletzen, verletzen wir das Bild Gottes in unserer Welt". Er ist entschlossen, immer seinem jüdischen Gewissen zu folgen. Es schmerzt ihn, dass der Staat Israel, der in der Verfolgung geboren wurde, nun selbst ein Verfolger ist, und, wie er sagt, versteht er die Gründe des palästinensischen Widerstandes.

Nach dem Gaza-Angriff waren er und einige andere Rabbiner in Kontakt mit Richter Richard Goldstone, der im Auftrag der UN-Menschenrechtskommission Untersuchungen betrieb und einen 574 Seiten langen Bericht veröffentlichte, der sowohl Israel als auch der Hamas die Schuld für Menschenrechtsverletzungen gab. Der Bericht verursacht einen "gigantischen Aufschrei in Israel als auch unter den gesamten jüdischen Organisationen in den Vereinigten Staaten[27] für seine Kritik an Israel. Richter Goldstone und seine Familie erlitten intensive persönliche Angriffe. Richter Goldstone daraufhin, unter jüdischem Druck, änderte seinen Bericht etwas, und das US-Repräsentantenhaus, sicherlich ebenfalls unter Druck, stimmte 344 zu 36 für Resolution 867, die auffordert, dass

> ".. der Präsident und der Aussenminister eindeutig weder Befürwortung noch weitere Prüfung des 'Berichtes der UN Kommission zur Untersuchung der Ereignisse im Gaza-Konflikt' in multilateralen Tribunalen erlauben sollen.[28]."

Während Israel und die jüdischen Organisationen Richter Goldstone und das US-Repräsentantenhaus zum Schweigen brachten, erreichten sie das nicht mit Rabbiner Rosen. In verschiedenen Publikationen und seinem Blog "Rav Shalom"

---

[27] Rosen, Brant, *Wrestling in the Daylight*, #107

[28] Rosen, Brant, *Wrestling in the Daylight*, # 120

106

enthüllte er seine neuen Ansichten und Überzeugungen und "rang bei Tageslicht", frei und offen. Er sagt:

> "Als Jude bin ich durch diese Untersuchungsergebnisse betroffen. Die moralischen Folgerungen dieses Berichts sollten uns in tiefster Seele herausfordern. Und ich bin tief, tief beunruhigt, dass die primäre Reaktion unserer jüdischen Führung ist, den Ursprung des Berichts anzugreifen, während überhaupt nichts über seinen Inhalt erwähnt wird."

Er forderte Leser auf, Kommentare zu seinen Artikeln einzuschicken, und die Kommentare laufen ein und zeigen, dass die Leser in ihrer eigenen Tiefe nach Antworten suchen, zum Beispiel, was das Ausmaß ihrer Loyalität zu Israel sein sollte, wo die Grenze zwischen Eigeninteresse und ethischem Verhalten sein sollte, und ob man Antworten wählen sollte, die dem Stammesgefühl entsprechen oder solche, die den Schwerpunkt in einem größeren Rahmen suchen.

Rabbiner Rosen, ein Mann mit Zivilcourage, hat keine praktischen Antworten auf die Frage wie Israel praktische Probleme behandeln sollte. Seine Lösung ist, sich aus dem beengenden Kokon der jüdischen Weltansicht und dessen Ehrenkodex zu befreien. Er rechnet darauf, dass die Werte seines eigenen jüdischen Erbes und seine tiefe Liebe für Israel ihm die Kritik an Israel's politischen Grundsätzen ermöglichen und sogar abfordern Und so steht er in Solidarität mit den Palästinensern und allen anderen, die unterdrückt werden.

107

Umwandlung des jüdischen Charakters - Gilad Atzmon

Gilad Atzmon macht in seinem Buch "The Wandering Who?" ein Studium der jüdischen Identitätspolitik. Atzmon, geboren in Israel, war eine Zionist bis in seine Teenager-Jahre. Wie er sagt, wurde "die Überzeugung der Vorherrschaft in unsere Seelen gebrannt, wir sahen die Welt durch ein rassistisches, chauvinistisches Fernglas", zutiefst davon überzeugt, dass die Juden in der Tat das auserwählte Volk sind. Dann, eines Nachts, entdeckte er den Jazz, und plötzlich sah er sich als Teil einer weit größeren Familie. Ein schwarzer Mann, Charlie Parker, dessen Musik ihn über seine enge jüdisch-orientierte Welt hinaushob, eröffnete ihm universelle Möglichkeiten. Aber erst, nachdem er der Israeli Armee beitrat und 1984 ein riesiges Lager mit palästinensischen Gefangenen in der kochenden Hitze des südlichen Libanon sah, konnte er mit der Indoktrinierung seiner Jugend brechen. Jetzt ist er einer der Menschen, die die Wurzeln und die tiefere Bedeutung von politischen Entwicklungen untersuchen und einen ehrlichen

Prozess der Selbsterkennung fordern. Er ist auch überzeugt, dass Humanismus und Universalismus in Widerspruch stehen zu einer Stammes-Tradition, die auf Rassenzugehörigkeit und im jüdischen Fall auf Religion und Geschichte gegründet ist.

Er unterscheidet zwischen Juden (dem Volk), Judentum (der Religion), und „Jüdisch-Sein" (der Ideologie). Die Menschen, die sich Juden nennen, können in drei Gruppen unterteilt werden:

1. Diejenigen, die dem Judentum folgen
2. Diejenigen, die sich als menschliche Wesen betrachten und ebenfalls jüdischer Herkunft sind, und
3. Diejenigen, die ihr „Jüdisch-Sein" über all ihre anderen Eigenschaften stellen.[29]

Es ist die dritte Kategorie, die Atzmon im Detail untersucht. Er geht zurück auf Chaim Weizmann, einen der Begründer des Zionismus und später der erste israelische Präsident, der gesagt hat:

> "Es gibt keine englischen, französischen, deutschen oder amerikanischen Juden, sondern nur Juden, die in England, Frankreich, Deutschland oder Amerika leben."

Er definiert fortan das Wesen des Jüdisch-Sein" als "primäre Qualität". Jüdisch zu sein gilt als das zentrale Element und die grundlegende Eigenschaft einer Person. Alles andere ist zweitrangig und sorgt laut Atzmon dafür, dass der Jude immer ein

---

[29] Atzmon, Gilad, *The Wandering Who*, # 16

Aussenseiter bleiben wird. Der frühe zionistische Führer Vladimir Jabotinsky[30] sagte 1904:

> "Ein Jude, unter Deutschen aufgewachsen, kann davon ausgehen, deutschen Sitten zu folgen und deutsch zu sprechen. Er kann von diesem deutschen Wesen ganz durchdrungen sein, aber der Kern seiner geistigen Struktur bleibt immer jüdisch, weil sein Blut, sein Körper, seine physische Rasse jüdisch ist. "

Gilad Atzmon hofft inbrünstig, als der junge säkulare Jude, der er ist, auf die mögliche Umwandlung des jüdischen Charakters in eine "zivilisierte, authentische humanistische Ganzheit". Er glaubt jedoch nicht, dass Juden mit ihrer "ethnozentrischen Ideologie, die auf Exklusivität, Ekzeptionalismus, rassischer Überlegenheit und einer tief innewohnenden Neigung zur Absonderung" beruht, in der Lage sind, allumfassend zu denken, ohne den starken und ehrlichen Wunsch, die Gründe zu finden und anzuerkennen, die ihre enge Weltanschauung hervorgebracht hat.

---

[30] Jabotinsky, Vladimir, *A Letter on Autonomy*, 1904

The Case against Israel - Michael Neumann

Michael Neumann, ein Sohn deutscher Juden, wuchs in einer Familie auf, die unter den Nazis stark gelitten hatte. Einige seiner Verwandten waren in Palästinien gelandet und sind nun israelische Bürger. Von Jugend an war er sehr engagiert in israelischen und zionistischen Zielen und Aufgaben. Er ist einer der seltenen Menschen, die nicht nur Ereignisse, Fakten, Argumente und Agenden sehen, aber auch in der Lage sind, durch den Nebel der Meinungen bis auf die Kerne der leuchtenden, moralischen und ethischen Grundgedanken vorzudringen.

Er ist Professor für Philosophie an der Trent University in Ontario, Kanada, und nennt sich selbst in erster Linie ein "moralischer und politischer Philosoph". Als solcher präsentiert er eine eindeutige moralische Analyse des Konflikts zwischen dem Staat Israel und der palästinensischen Bevölkerung. Er zieht die Schlussfolgerung,

111

dass Zionismus den Konflikt hervorbrachte und verantwortlich ist für seinen Fortbestand.

Ich möchte nur drei seiner Fragen von vielen vorlegen, die er in seinem Buch bespricht, nämlich:

1. Sind die Juden ein Volk?
2. Haben die Juden ein Recht auf Palästinien?
3. Was ist die Endlösung? (Tatsächlicher Titel des Kapitels im Buch von Prof. Neumann)

Sind die Juden ein Volk?

Das Gründungsdokument des Staates Israel 1948 erklärt unter anderem:

"... ...die Anerkennung durch die Vereinten Nationen auf das Recht des jüdischen Volkes, ihren Staat zu gründen, ist unwiderruflich

.. ...dieses Recht ist das natürliche Recht des jüdischen Volkes, Meister seinens eigenen Schicksals zu sein in seinem eigenen souveränen Staates, wie alle anderen Nationen."

Es ist oft in Argumenten erwähnt, dass die Palästinenser kein Volk sind. Jedoch sind sie ein Volk mit einer gemeinsamen Religion und Kultur, sowie einer gemeinsamen Sprache und langer Geschichte, die in einem Land namens Palästinien leben. Ihre Vorfahren bewirtschafteten das Land, besassen Eigentum, zogen Kinder auf und lebten in etablierten Städten und Dörfern unter der kolonialen Verwaltung einer anderen Macht. Die Tatsache, dass sie durch historische Verwicklungen nicht einen eigenen Staat haben, bedeutet nicht, dass Außenstehende kommen können, ihr Hoheitsgebiet besetzen und sie darin unterwerfen. Amerika war eine Kolonie von Großbritannien, bevor es die Vereinigten Staaten gab, aber die Menschen, die dort lebten, hatten das Recht, den Souverän abzulehnen, der versuchte, ihr Leben zu kontrollieren, obwohl sie nicht Bürger eines Staates waren.

Wenn es stimmt, dass die Palästinenser kein Volk sind, kann das gleiche von Juden gesagt werden. Prof. Neumann nennt die Bevölkerung des jüdischen Staates Israel: eine ethnische Vielfalt von Menschen, von denen 20 % nicht einmal jüdisch sind.

Nicht alle Juden sind religiös – einige sind Atheisten, andere sind ultra-orthodox, orthodox, konservativ, Reform und Hassidisch. Es gibt auch eine Reihe von Anhängern spezifischer Rabbiner und ihrer Lehren. Es gibt Sephardim aus Spanien und Nordafrika, Mizrahim aus dem Nahen Osten und Ashkenazim vom europäischen Teil Russlands, der Ukraine und den baltischen Staaten sowie schwarzen Juden aus Äthiopien. Einwanderer neigen dazu, sich als zuerst jüdisch und dann als Israelis zu definieren, während die Menschen, die in Israel geboren sind (genannt "Sabras" nach der Frucht, die innen süß ist und außen stachelig) dazu neigen, sich zunächst als Israelis zu definieren und dann als

Juden. Tausende jüdischer Immigranten aus Russland sind, streng genommen, nicht jüdisch, da sie Kinder eines jüdischen Vaters und einer nicht-jüdischen Mutter sind.[31] Einwanderer aus Äthiopien gehören einer alten Menschengruppe an, die einer einfacheren Art des Judentums folgen und nicht als volle Juden akzeptiert werden, es sei denn, sie unterwerfen sich einer orthodoxen Bekehrung.

Juden haben keine gemeinsame Sprache – nicht alle sprechen Hebräisch oder Jiddisch. Sie haben keine gemeinsame Kultur, weil sie aus einer Vielzahl von Ländern kommen und im Laufe der Zeit sich an verschiedene Lebensweisen angepasst haben. Sie haben unterschiedliche kulinarische Stile, verschiedene Art von Kleidung, verschiedene Arten von Musik und unterschiedliche Bräuche. So hatten sie keine gemeinsame Geschichte. Einige wurden verfolgt, und andere wurden vollberechtigte Bürger ihrer Länder mit Privilegien. Zionismus ist eine Bewegung von Ashkenazim (Deutsch, Polnisch) Atheisten gegründet und ist vielen Juden aus anderen Bereichen fremd. Die Rate der Mischehen mit Nicht-Juden auf der ganzen Welt ist bedeutend und alarmierend für viele Juden.

Politisch waren einige Juden Internationalisten (Kommunisten, Sozialdemokraten, Gewerkschafter). Andere waren treue Patrioten der Länder, in denen sie lebten, und andere dagegen interessierten

---

[31] The original and current Jewish definition of a born Jew is someone whose mother is Jewish.

sich nicht für Fragen politischer Identität. Juden waren weitgehend Bürger anderer Länder. Sie hatten keine einheitliche Führung und keine übergreifenden politischen Institutionen.

Es ist auch bekannt, dass viele Außenstehende im Laufe der Jahrhunderte zum Judentum konvertierten, so dass eine ethnische Herkunft nicht „den Juden" als ganzes passt. Sie sind nicht "eine Rasse". Untersuchungen zeigen, dass es eine beträchtliche Urverwandtschaft zwischen dem DNA von einigen Juden und Palästinensern gibt. Eingegliedert in den Staat sind so-genannte Araber, die wirklich Palästinenser und Muslime sind, wie auch andere Minderheiten wie die Tscherkessen, Drusen, Alawiten, Beduinen und Christen. Dazu gehören auch Samariter, die Reste der ältesten Komponente des israelitischen Königreichs, Samaria, mit seinem Schwerpunkt auf Jerusalem (durch die Assyrer 722 v. Chr. zerstört), die ihrer ehemaligen Religion treu geblieben waren.

Israel ist durchaus ein Staat, aber es ist von ethnisch vielfältigen Menschen besiedelt und kann nicht "Judenstaat" genannt werden, ohne damit ganze Gruppen von Menschen auf den zweitklassigen Status zu verweisen.

Haben die Juden ein Recht auf das Land Israel?

Historischer Anspruch. In prähistorischen Zeiten war Canaan durch eine Reihe von Stämmen, darunter, Hittiter, Amoriter,

Perisiter, Hiwiter, Girgashiter, Jebusiter, Philister, Ammoniter, Moabiter und Edomiter besiedelt. Unter ihnen entstand in dem langen Bergrücken, der sich von Norden nach Süden durch das heutige Israel zieht, ein Stamm, die sich "Israelite" nannte. Der Name bedeutet "Kämpfer für El", der canaanäische Gott, der auch von anderen Stämmen in Canaan verehrt wurde. Prof. Neumann bezweifelt, dass es wirklich wichtig ist, ob einige ferne Vorfahren tatsächlich vor 2000 bis 3000 Jahren im Land gelebt haben. Und wenn sie es taten, wie kann es nachgewiesen werden, dass sie im Besitz des Landes waren und es nicht eroberten, wie vorherige und nachfolgende Eroberer getan haben? Wie können wir jemals rechtmäßige Eigentümer bestimmen, und noch mehr, wie können wir feststellen, welches Eigentum einem bestimmten "Volk" gehörte? Wie kann festgestellt werden, ob Griechen, Türken oder Chinesen die rechtmäßigen Eigentümer von Griechenland, Türkei oder China sind? Wie können wir Völkerrecht auf Nomadenstämme, Migrationen und Kriege anwenden, die vor Tausenden von Jahren passiert sind? Es ist Prof. Neumann Meinung, dass "es nicht wirklich wichtig ist, wer Palästina in ferner Vergangenheit bewohnte. Es würde uns nie eine Grundlage geben fuer die Entscheidung, wer in der heutigen Zeit hier leben sollte.[32]

Biblischer Anspruch. Es ist in diesem Bereich, dass der zionistische Anspruch auf das Land zweifelhaft ist und umstritten.

---

[32] Michael Neumann, *The Case against Israel*, # 69

Es ist eine akzeptierte Tatsache und bewiesen durch Ausgrabungen und Abwesenheit von archäologischen Artefakten, dass der "Beweis" für ein jüdisches Recht auf das Land nicht auf historischen Tatsachen, sondern auf Mythen beruht, die seit Hunderten von Jahren mündlich weitergegeben, verbessert, an die Gegebenheiten angepasst und nur in der Thora zwischen 550 – 300 v. Chr. niedergeschrieben wurden. Neuere Befunde wurden von Israel Finkelstein, Direktor des Archäologischen Instituts an der Universität Tel Aviv und Neil Asher Silberman, Direktor eines belgischen Archäologischen Instituts, in ihrem Buch veröffentlicht *"The Bible Unearthed: Archäologie der neuen Vision des alten Israel und der Ursprung seiner heiligen Texte"*:

> "Die historische Sage in der Bibel – Abrahams Begegnung mit Gott und seiner Reise nach Canaan, Moses Befreiung der Israeliten aus der Knechtschaft zu Aufstieg und Fall der Königreiche Israel und Judäa – war keine wunderbare Offenbarung, sondern ein brillantes Produkt der menschlichen Vorstellungskraft. …Überprüfung der archäologischen Beweise... weisen hin auf einen Zeitraum von wenigen Jahrzehnten [in dem ein starkes Israel existierte] zwischen 835-800 v. Chr..[33] "

Prof. Neumann fragt, warum die Ansprüche auf das Land selbst ernst genommen werden sollten. Die biblische Behauptung, dass Gott den Juden Israel gab, ist nicht für alle Völker der Welt

---

[33] Finkelstein, Israel, and Silberman, Neil Asher, *The Bible Unearthed*, # 191, 202

bindend. Es erfordert, wie er sagt, "einen Glauben an die Existenz eines jüdischen Gottes und an die Bibel als Wort Gottes". Das Recht auf das Land Israel ist daher *abhaengig von der Treue zu und dem Glauben an die Torah*, sowie eine tief verwurzelte Überzeugung, dass die Juden vor allen anderen von Gott auserwählt wurden.

Es erscheint sicher, dass der Zionismus seine Ansprüche der Rechtfertigung verloren hat. Aber die orthodoxen Juden, mit ihren tiefen Wurzeln in Torah und Talmud, ignorieren einfach Ethik, Logik, Archäologie, historische Gelehrsamkeit und Völkerrecht und klammern sich an die biblischen Mythen, die lange Zeit Tröstung und Anleitung in der Form von unbestrittenen Wahrheiten bedeutet haben.

Was ist die Endlösung?

Prof. Neumann kam zu dem Schluss, dass die Juden kein Recht hatten, einen Staat in Palästinen zu gründen. Sie hatten ein Recht, dahin zu fliehen und Asyl zu finden in den dunklen Zeiten der Verfolgungen des 20th Jahrhunderts. Aber da ist, wie er sagt, ein großer Unterschied zwischen Asyl und Errichtung eines souveränen Staates. Wenn ich versuche, einem Lynch-Mob zu entkommen, habe ich vielleicht das Recht, in Ihr Haus einzudringen, um mich zu verteidigen, aber sobald diese Gefahr vorbei ist, habe ich nicht das Recht, das Haus und Ihr Land zu übernehmen und einen souveränen Staat zu gründen, Sie und Ihre Familie zu vertreiben, Ihr Eigentum zu stehlen und Sie zu einer zweitklassigen Bevölkerung zu machen.. Wie Prof. Neumann sagt, ethnischer Nationalismus, Faschismus und Rassismus waren Teil des Nationalsozialismus. Wir sollten gelernt haben, dass dies nicht die Basis eines Staates sein sollte.

Inzwischen ist Antisemitismus deutlich geschwunden. Juden leben in Dutzenden von Ländern mit vollen bürgerlichen Rechten und dem Recht, ihre Religion auszuüben. Viele haben Positionen von großer Bedeutung und Einfluss in jedem Land ihres Wohnsitzes inne. Die Gefahr von einem neuen Holocaust ist zurückgegangen und verschwindet hoffentlich völlig angesichts der steigenden Globalisierung. Einwanderung nach Israel hat ebenfalls abgenommen. In der Tat verlassen mehr Israelis ihr Land für ehemals feindliche Länder wie Deutschland und Polen. Sie integrieren sich und werden oft Bürger der jeweiligen Länder ihrer Vorfahren.

Zionismus hat einen Staat im Nahen Osten gebaut und gab den Millionen Menschen ein Heim, die kein Zuhause hatten. Israel kämpfte jahrzehntelang und erreicht jetzt einen Punkt, wo es stark ist und autark, eine militärische und atomare Macht, ein Riese in Bildung und Forschung, ein Land mit Infrastruktur und Institutionen gleichwertig jedem Land der Welt. Während jedes Land im Nahen Osten ihre arabischen Frühling-Demonstrationen durchgeführt hat, erwähnen israelische Demonstranten die palästinensische Besatzung überhaupt nicht. Sie sind anscheinend

119

nur an sozialer Gerechtigkeit für Juden interessiert. Dies zeigt nur, wie wenig der durchschnittliche Israeli sich um die unterdrückten Minderheiten in seiner Mitte sorgt, die für sie einfach unsichtbar sind. Es ist Prof. Neumanns Meinung, dass eine größere Ungerechtigkeit geschehen würde, wenn der Staat Israel, obwohl auf falschen zionistischen Annahmen aufgebaut, aufgelöst oder als illegal bezeichnet werden würde. Der Staat Israel besteht zu Recht. Es repräsentiert die Situation, wie sie besteht, genau so wie Amerika jetzt zu Recht besteht, obwohl die eingeborenen Indianer im 19th Jahrhundert entrechtigt wurden. Eine Rückkehr zum Ausgangspunkt ist nicht mehr möglich, nicht in den USA und nicht in Israel, und nicht in anderen Ländern, die auf eine historische Eroberung zurückgehen. Die Existenz Israels, ob gerechtfertigt oder nicht, ist eine Tatsache und müsste nicht erörtert und diskutiert werden. Aber im Krieg von 1967 eroberte Israel das Westjordanland und den Gaza-Streifen. Seitdem hat Israel Tausende von illegalen Siedlungen dort errichtet für Hunderttausende von jüdischen Siedlern, vor allem orthodoxe und ultra-orthodoxe, zur Vorbereitung auf eine zukünftige Übernahme und Eingliederung in den Staatskörper. Religiöse Juden sehen darin die Erfüllung von Gottes Vorsehung für die Juden. Diese Siedlungspolitik ist das Haupthindernis für den Frieden.

Infolgedessen, in den besetzten Gebieten, haben die Palästinenser, deren Land und Wasser für Siedlungen genommen werden und die sehr unter der Härte der militärischen Besatzung leiden, nur einen

Weg, der ihnen offen steht: nämlich gewalttätiger Widerstand. Dies wird von Israel mit übermässiger Macht und militärischer Einmischung beantwortet. Die illegale Besatzung und seine Folgen bereiten Israelis, die ein Gewissen haben, grosse Sorgen, egal ob sie Zionisten sind oder nicht. Da ist jedoch eine andere Lösung, nämlich einseitiger Zurückzug aus den besetzten Gebieten. Wie Prof. Neumann schreibt, „erfordert dies keine Verhandlungen, keine Änderung des Palästinensischen Verhaltens, kein Vertrauen und keine Verbesserung der Wirksamkeit der Palestinian Authority."

Israel, als Staat mit Macht und Einfluss, braucht keinen Krieg mit seinen Nachbarn zu befürchten, wenn friedliche Beziehungen bestehen und seine zunehmende diplomatische Isolation endet.

Was wäre die Alternative? Die illegale Besetzung der Gebiete verletzt den ethischen Sinn vieler Juden, da es ihren höchsten Werten widerspricht. Praktisch gesehen zeigen demografische Studien, dass Palästinenser mit ihrer größeren Geburtenrate in wenigen Jahren Juden zahlenmäßig überlegen sein werden. Ist Israel bereit, ein Land unter Apartheid in den besetzten Gebieten zu regieren, wie Südafrika? Oder ist es bereit, die Idee eines jüdischen Staates aufzugeben und das Land in einen demokratischen Staat fuer alle Bürger zu verwandeln, einschliesslich Juden und Araber und andere Bewohner des Landes?

Die Ein-Staatliche Lösung -
Joel Kovel

Joel Kovels Vater war jüdischer Einwanderer aus der Ukraine, kam im frühen 20. Jahrhundert in die Vereinigten Staaten und fand hier eine neue Heimat. Joel, der Sohn, sah seinen Vater als eine tragische und einsame Figur. Er hatte extreme rechte Ansichten entwickelt und sogar einige faschistische Regierungsführer unterstützt, zum Beispiel den Diktators Francisco Franco von Spanien. Er hasste den Zionismus, weil er fälschlicherweise annahm, dass dieser einer sozialistischen Denkweise folge und damit seine Loyalität zu seiner geliebten USA beeintraechtigte. Er war auch beeinflusst durch seine frei-denkende Tante Betty, die jede Art von Konformismus in Frage stellte. Sie starb früh und wurde von ihren Verwandten wegen der Entscheidungen ihres Lebens verurteilt, was Prof. Kovels Herz gegen alles, was er als Heuchelei innerhalb seiner angestammten Religion sah, erhärtete. Dies folgte einer Periode tiefer Fragen und Zweifen..

Jüdischer Chauvinismus und Überzeugungsanspruch führte schließlich zu seiner Kritik des Zionismus. Er ist überzeugt, dass die Menschheit in einer weitreichenden, universalen und integrativen Existenz seinen Ausdruck finden muss. Ein Staat für den exklusiven Besitz einer Religion, sei es jüdisch, christlich, islamisch oder Hindu, ist seiner Meinung nach ein ungerechter Alptraum für Israel, der vom Zionismus ins Leben gerufen wurde und sippenhafte, exklusive, imperialistische und rassistische Apartheid-Merkmale zeigt. Prof. Kovel meint, dass Zionismus im Kern defekt ist und eine Reformation zugunsten eines universellen Staates für Juden, Araber und alle Bürger braucht, falls Juden in die Familie der Nationen aufgenommen werden wollen.

Bei der Beschreibung der frühen Israeliten sagte einst der Seher Bileam: "Siehe, es ist ein Volk, das abseits wohnt und sich nicht zu den anderen Völkern zählt.." Diese Wahl, als Volk „abseits zu leben", beruht ohne Zweifel auf der Überzeugung, von Gott erwaehlt zu sein vor allen anderen. Dies verursacht eine dynamische Reaktion und Gegenreaktion, die in Exklusivität, Rassentrennung und Vorurteile ausartet. Wie Prof. Kovel feststellt, kann der Ursprung des Antisemitismus in dieser Dialektik sowie in der zionistischen Reaktion von Antisemitismus zu finden sein, die Sehnsucht nach einer jüdischen Heimstatt ausgelöst hat.

Es war immer gefährlich, gegen diesen historischen Glauben der jüdischen Auserwähltheit und Besonderheit anzugehen. Jesus, der als Jude lebte und starb, wollte die vorherrschende jüdische Kultur durch eine universelle "Vision von Gerechtigkeit" ändern, die den Wert eines jeden Menschen schätzt. Wie Prof. Kovel sagt, musste Jesus mit Schwierigkeiten rechnen, und er bekam sie auch. Die talmudische Tradition, geprägt von Verfolgung und Ghettoisierung, erweiterte die Kluft zwischen Juden und anderen, indem sie wiederholt und in verschiedenen Formen ausdrückt, dass nur Juden als wirklich menschlich betrachtet werden können..

Die Stammes-Denkweise des jüdischen Volkes äussert sich in einer modernen, militarisierten und aggressiven Staatsstruktur, die alle Anzeichen von historischem jüdischen Tribalismus ausstrahlen. Aber die Opfer des modernen zionistischen Staates, die Palästinenser, hatten mit dem letzten Leiden der Juden nichts zu tun. Es waren die europäischen Länder, die die Juden im Mittelalter vertrieben. Es waren Polen und Russland, die Pogrome durchführten, und es war Deutschland, das den Holocaust verursacht hatte. Heute sind es jedoch die Palästinenser, die in dem Land ihrer Väter - enteignet, verfolgt und als Flüchtlinge - in den Händen des zionistischen Staates Israel als Untermenschen angesehen werden.

Der Zionismus muss überwunden werden, wie Prof. Kovel sagt, damit die Seele des Judentums geheilt wird. Eine "Zwei-Staatenlösung" für Israel und Palästinien, in dem beide nebeneinander in ihrem eigenen Staat leben, wird nicht ausreichen.

Was wir brauchen ist ein einzelner Staat für alle Bürger, basierend auf dem Prinzip, dass alle Menschen mit innewohnenden Wert und Würde Gerechtigkeit und Gleichheit verdient haben. In solch einem Land wäre niemand von Natur aus mehr wert als der nächste, und kein erlittenes Leiden würde Ungerechtigkeit legitimieren. Rassenbewusstsein würde dadurch verhindert werden, dass alle Bürger als universell gleichwertig gelten würden.

Kein lohnendes Unterfangen ist einfach, und eine Ein-Staat-Lösung erfordert die Überwindung von Unterschieden. Laut Prof. Kovel, bei „zwei Gemeinwesen so radikal verschieden und doch so verflochten", würde die Lösung entweder ein bi-nationaler Staat sein, in dem Juden und Araber ko-existieren, oder sogar ein Staat, in dem die Bürger ihre nationale Identität erhalten, aber doch durch ihre Aufnahme in ein grösseres Ganzes den bisherigen Chauvinism ablegen können. Jede Gruppe ist dadurch nicht nur von nationalen oder Stammes-Beschränkungen befreit, sondern hält darüberhinaus die Verbindung mit ihrer kulturellen Identität durch Tradition und Geschichte aufrecht. Prof. Kovel nennt dies einen sekulär-universellen Staat, der die Integration in dem arabischen Mittleren Osten ermöglicht, anstatt seine koloniale Herrschaft in einer feindlichen und kulturell andersartigen Umgebung fortzusetzen.

Prof. Kovel, ein Psychiater, sozialer Aktivist, Akademiker und Schriftsteller, hat eine Reihe von Büchern und Artikeln veröffentlicht. 1988 wurde er zum Alger Hiss Chair of Social Studies am Bard College ernannt. Sein Vertrag wurde im Jahr 2009 nicht verlängert. Prof. Kovels Ansicht ist, dass dies nicht aus pädagogischen oder intellektuellen Gründen geschah, sondern – wie er sagt – aus politischen Gründen, vor allem „wegen unterschiedlichen Ansichten zwischen mir und dem College wegen dem Zionismus."

Erinnerung und Vergebung –
Mark H. Ellis

Marc H. Ellis wurde als Sohn jüdischer Eltern in Miami, Florida, geboren und ist derzeit Professor und Direktor des Center for American and Jewish Studies an der Baylor University. Er hat 15 Bücher über den Judaismus, Geschichte und Zukunft Israels geschrieben und gilt als einer der einflussreichsten jüdischen Denker seiner Generation. Er beweist, wie Noam Chomsky sagte, "viel Mut, Integrität und Einsicht". Sein Buch "*Israel and Palestine - Out of the Ashes – The Search for Jewish Identity in the Twenty-First Century*" ist voll, tief und reich an Einsicht und Erklärungen. Ich möchte mich hier nur mit einigen seiner Themen befassen, nämlich Prophezeiung, Erinnerung und Vergebung, sowie den Holocaust und die Verbindung mit dem Staat Israel.

Beeinflusst von der ethischen Tradition des Judentum und Änderungen im jüdischen Leben nach dem Holocaust und der Gründung des Staates Israel, suchte Prof Ellis, Sinn in der Vergangenheit zu finden. Er will die jüdische Ethik, die so wertvoll ist für ihn, in einer Welt aufrechterhalten, wo viele Strömungen

Veränderungen hervorrufen. In seinen Studien kam er in Kontakt mit der Christlichen Befreiungstheologie, die Fürsorge und Gerechtigkeit für die Armen und Unterdrückten in den Mittelpunkt stellt. Gleichzeitig wurde er durch die zunehmende Militarisierung Amerikas und Israels und das Schicksal der Palästinenser beunruhigt, die durch die Gründung des jüdischen Staates enteignet worden waren. Seine Einblicke in jüdisch-christlich-muslimische Beziehungen in der modernen Welt fanden Interesse an einer Reihe von Universitäten und Hochschulen, deren Ziel es ist, Gerechtigkeit und Frieden in der Arbeit zu suchen, für die auf Glauben basierten religiösen und nationalen Identitäten. Er wurde auch angegriffen von jenen, die solche Einsichten als Angriff auf Israel selbst ansahen.

Für Prof. Ellis ist ein Leben nicht lebenswert, das nicht über sich selbst hinaus geht und das keine höhere und weiterreichende Realitaet umfasst. Er glaubt, dass Propheten nicht nur in ihrem historischen Kontext sprechen, sondern auch die verwundete Menschheit ansprechen und solche Menschen, die nicht wissen, wie sie sich ausdrücken sollen. Dies erfordert eine Vision, aber auch Überzeugung von einer Mission, und ebenfalls Mut, dem Diktat des eigenen Gewissens zu folgen. Für ihn hat ein Prophet tiefen Einblick in die Verwirrung der täglichen Details. Prof. Ellis spricht eindeutig mit prophetische Stimme, in der Hoffnung, die Wahrnehmung zu wecken, dass Gerechtigkeit im Mittelpunkt der Gesellschaft und ihrer Institutionen lebendig sein muss.

Prof. Ellis bemerkt, dass das Judentum, in das er hineingeboren wurde, sich radikal geändert hat durch den Holocaust und eng mit dem Staat Israel und seiner neu gewonnenen Kraft verbunden ist. Er ist auf der Suche nach einer neuen jüdischen Identität, aufgebaut auf der von ihm geschätzten Ethik des jüdischen Lebens. Er hofft, diese Vision zu benutzen, um das Wort von einer besseren und gerechteren Welt zu verbreiten.

Judaismus' Sinn für Geschichte und Existenz entsteht aus der Erinnerung, eine Notwendigkeit für alle Juden und Mittelpunkt der jüdischen Identität, Kultur und Religion. Sie konzentriert sich jedoch auf Exklusivität und Auserwähltheit in Beziehung zu Gott und seinem Schutz. Sie erinnert auch, in erster Linie, an jüdische Leiden durch die Jahrhunderte und vor allem, kürzlich, während des Holocausts. Diese Fokussierung auf jüdische Leiden trennt die Juden der Welt von der weiteren Welt und bringt eine ängstliche Erwartung hervor, dass "der Holocaust wieder passieren wird". Einige jüdische Gelehrte möchten sogar den Holocaust in den jüdischen liturgischen Kalender einbinden.

Aber sich festhalten an der Erinnerung an das Leiden des Holocausts lässt wenig Raum für das Leiden, das anderen Menschen, nämlich den Palästinensern, angetan wird. Prof. Ellis besteht darauf, dass "ein Land, das Teil der Gemeinschaft der demokratischen, gesetzestreuen Länder sein will, nicht so einen eklatanten Verstoß gegen Rechtsgrundsätze und grundlegende menschliche Werte rechtfertigen kann.[34]" Er nennt Irena Klepfisz, eine Überlebende des Warschauer Ghettos und des Holocausts selbst, die sich über ihr eigenes Leiden erhob und die Zerstörung des normalen Lebens der Palästinenser durch die Gründung von Israel verurteilte. Sie forderte, dass die Erinnerung an palästinensisches Leiden auch wachgehalten werden sollte.

Eines Tages, während einer seiner Vorlesungen, wurde Prof. Ellis von einer katholischen Nonne konfrontiert, die ihn beschuldigte, Hitler "in seinem Herzen zu hassen". Damit begann eine Betrachtung des Unterschieds zwischen Christentum (das lehrt, seinen Feinden zu verzeihen) und dem Judentum, das an seinen Anklagen festhält mit der Mahnung, sie nie zu vergessen.[35] Es war Jesus, der ans Kreuz genagelt wurde und sagte: "Vater, vergib ihnen, sie wissen nicht, was sie tun."

Können Juden den Holocaust und das ungeheure Ausmaß der eigenen Leiden verzeihen? Diese Wunden bleiben offene Wunden und sind der Grund fuer die heutige Gewalt, die von Israel einem anderen unschuldigen Volk angetan werden. Was würde passieren, wenn den Deutschen der Holocaust vergeben würde? Prof. Ellis fragt: wären sie in der Lage, mit der Erinnerung an das Leiden, das sie anderen angetan haben, zu leben und den Weg einzuschlagen

---

[34] Seite 42

[35] Lucas 23. 34

130

zur Heilung der Schmerzen anderer Menschen und zur Emächtigung von Opfern überall in der Welt?

Würde Vergebung auch Juden befreien, die Dunkelheit der Vergangenheit abzuschütteln und an ihrer eigenen Heilung und die der anderen zu arbeiten ?

Prof. Ellis sagt, dass diese revolutionäre Vergebung in der Inspiration christlich, aber auch jüdisch ist. Sie verkörpert im tiefsten Kern die jüdische Forderung nach Gerechtigkeit und die Möglichkeit der Bildung einer neuen sozialen und politischen Entität, die auf umfassende und universelle menschliche Werte gebaut ist.

Vergebung, wie ein Stein, der in einen Teich geworfen wird, bildet Kreise der Heilung und der Hoffnung auf eine bessere Zukunft.

Dr. Ellis wird derzeit einer internen Untersuchung an der Baylor University unterworfen, was wie ein Versuch aussieht, die Stimme eines frei-denkenden jüdischen Mannes zum Schweigen zu bringen.

Mit Mut und Weitblick -
Avraham Burg

Avraham Burg, der Sohn eines deutsch-amerikanischen Vaters und einer jüdischen Mutter von Hebron, wurde in Israel geboren und ist ein stolzer und mutiger Bürger seines Heimatlandes. Er hat ein hervorragendes Resümee. Als junger Mann diente er als Leutnant bei den Fallschirmspringern der Israelischen Verteidigungskräfte, wurde ein führendes Mitglied der Labor Partei und dem Knesset, und wurde schliesslich zum Sprecher des Knessets ernannt. Nach seiner Verabschiedung vom Knesset war er Vorsitzender der Jewish Agency und der World Zionist Organization, wo er für Reparationen für Überlebende des Holocausts arbeite.

Früh in seiner Karriere zweifelte er nationale Dogmen an und untersuchte sie im Hinblick auf ihren universellen Charakter. Er war überzeugt, dass Israels Nationalbewusstsein direkt auf die "Shoah", wie er den Holocaust nennt, zurückzuführen ist und damit die ganze westliche Welt in den Prozess verwickelt. Es dominiert jeden Aspekt des israelischen Lebens und beeinflusst die Ansichten von Vergangenheit, Gegenwart und Zukunft. Die armen, halb-verhungerten Menschen, die an den Ufern des neu geformten Staates Israel nach dem Ende des Zweiten Weltkrieges angespült wurden, waren überzeugt, dass die Welt ihr Bestes tat, um sie zu töten. Diese Tatsache war so tief in das Bewusstsein jedes Israelis eingebrannt, dass es seine heilige Mission war, niemals zu vergessen, nie wieder schwach zu sein, niemals mehr dominiert zu werden von einem anderen Volk. Beide Punkte, die Gründung des Jüdischen Staates und der Holocaust, wurden zwei untrennbar verbundene Ereignisse. Den Holocaust überlebt zu haben verlieh ein Gefühl des Opfertums, gab aber auch ein Gefühl des Stolzes. Es führte zu der Überzeugung, dass ein Überlebender des Holocaust weiss, welchen Weg er einschlagen sollte.

Mit den Jahren wurde die Verbindung mit Deutschland besser, was es Israel erlaubte, Reparationszahlung für die jüdischen Opfer einzuziehen, sowie erhebliche Summen für den Aufbau des neuen Staates Israel (ohne die diese Bemühungen viel schwieriger gewesen wären).

Irgendwie jedoch verblasste das Bild der Nazis, die dieses Trauma hervorgerufen hatten, während die Araber in den Vordergrund traten, schlimmer dargestellt als die Deutschen und anscheinend mit dem Nazi Geist in dem arabischen Körper. Herr Burg beschreibt im Detail andere "holocausts", die von verschiedenen

Völkern verursacht und erlitten wurden in den letzten paar hundert Jahren, eine lange Liste von leidenden Unschuldigen. Es wird geschaetzt, dass zwischen 1900 und 1987, zum Beispiel, die unvorstellbare Zahl von 169 Milliarden Menschen ausgerottet wurden, einschliesslich denen in China, Russland und der Türkei. Dazu kommen, nach 1987, Massenmorde in Rwanda, Jugoslawien, Ost Timor und anderswo. Und was sagt man zu den Massentötungen von Eingeborenen und Sklaven, von dem entsetzlichen Zoll, der vom Rassismus in Amerika und vom Kolonialismus in Indien und Afrika in dem letzten Jahrhundert hervorgerufen wurde? Herr Burg fordert, dass Juden sich auf die Seite aller Verfolgten stellen sollen. Er sieht nicht Juden und ihre nationalen Interessen, sondern Menschenwesen und universelle Umstände. Er fordert eine ethische Position, selbst gegen das Böse in uns selbst. Herr Burg entfernt die Heiligkeit von der Shoa und leitet die Aufmerksamkeit der Welt darauf, dass sie zu Israels politischem Vorteil missbraucht wird. Konfrontiert mit Unmenschlichkeit gegen andere, benutzt er seinen Einfluss, öffentlich zu sprechen. Es sieht es als seine Doppelverantwortung als Mensch und Jude.

Israel hat den Holocaust zu seinem exklusiven Eigentum gemacht zusammen mit der Position als Opfer. Es sieht nicht, dass sich die Situation geändert hat und die jüdische Opfer-Einstellung nicht bestehen kann neben Israels Position in der modernen Welt. Das

Weltjudentum hatte nie seinen eigenen Staat mit Anerkennung von anderen Ländern in der Welt und Macht in internationalen Angelegenheiten. Um in den Kreis von Weltorganisationen zu gehören, sagt Herr Burg, muss Israel seine Weltanschauung ändern. Die Shoah ist im Augenblick Israels Hauptargument und führt zu sofortigen Anklagen von Antisemitismus, sobald Kritik geäussert wird.

In seinem Buch "The Holocaust is over – we must rise from its Ashes" präsentiert er eine hehre Vision, was es heisst, "ein Licht für alle Nationen" zu sein und eine Erklärung, was es im besten Sinne bedeutet, jüdisch zu sein. Die augenblickliche Holocaust-Kultur, verankert in Erinnerung und Verstärkung, garantiert die Fortführung des "pathologischen Kreislaufs" für die folgenden Generationen.

Der Holocaust-Erinnerungstag, der Tag des Warschauer Ghetto-Aufstandes, sollte ein Gedenktag sein für jüdisches Heldentum bei drohender Vernichtung sowie den Widerstand gegen Verbrechen gegen alle Menschheit, die in der Zukunft begangen werden.

Der Tag der Befreiung von Auschwitz sollte gefeiert werden, nicht nur in Gedenken an das Leiden der Juden, sondern der Menschheit im allgemeinen. Israelis und die arabischen Bürger Israels sollten nebeneinander stehen, beide trauern in ihrem eigenen Schmerz und sich verbinden in einer neuen menschlichen Verpflichtung. Der Tag sollte das Versprechen von "Niemals Wieder" verstärken. Er

135

sagt: "Nie mehr Gewalttätigkeit, nie mehr Hass gegen Fremde, nie mehr Benachteiligungen, und nie mehr Rassenhass". In der Schule werden wir die Holocausts anderer Völker studieren, wir werden die Gründe für Gewalt und Angriffsfreude erforschen and wie sie eliminiert werden können; wir werden Tyrannei bekämpfen und uns zu Gerechtigkeit, Gleichberechtigung und Frieden bekennen." Herr Burg drückt in anderer Weise aus, was meine Mantra ist, nämlich dass ein Holocaust nie wieder passieren darf, nicht für Juden, aber auch nicht für Völker anderer religiöser, nationaler, ethnischer oder rassischer Herkunft.

Wichtig ist, dass Israelis mit den Nationen der zivilisierten Welt zusammenstehen in dem Kampf gegen Hass, wo immer er sein Haupt erhebt, und dabei persönliche Wunden in eine "Heilung für alle Menschheit" verwandelt. Dies macht eine neue Israeli Identität nötig und eine Verbindung zur Seele des Judentums, das ja sein Schicksal und seine Werte mit anderen teilt. Wir sind die Kinder von Abraham und Sarah, sagt Herr Burg, aber wir sind auch alle Kinder von Adam und Eva.

Herr Burg, mit einer prophetischen Stimme, breitet eine Vision vor uns aus, die nichts weniger als die Neuordnung einer verwurzelten Weltanschauung ist, einschließlich eines Punktes, den er als unerlässlich hält, nämlich Deutschland zu verzeihen. Er rechnet damit, dass viele nicht willens sind, das zu tun. Aber es ist seine Hoffnung, dass wiederum andere verstehen, dass Israel nie frei sein kann, bis das getan wird – bis man einsieht, dass Leiden der Menschheit gehört und nicht nur einem Volk. Deutschland selbst, überzeugt von seiner Verantwortung, die Verbrechen der Vergangenheit wiedergutzumachen, wird "das Böse der Welt ändern und mit Gutem ersetzen".

Für Avraham Burg, das beste Interesse der menschlichen Rasse steht auf dem Spiel.

Israels Zukunft -
Liberale Zionisten sprechen

Einer der führenden US-Blogs, die Huffington Post, lud liberale Zionisten ein, Aufsätze einzusenden, die ihre Beziehung zu dem Staat Israel und ihren Erwartungen, wie Israels Zukunft aussehen sollte, Ausdruck geben würde. Ausnahmslos akzeptieren diese Juden, die in Israel oder in anderen Ländern geboren und aufgewachsen, jetzt in Israel wohnen oder noch im Ausland leben, die Existenz des jüdischen Staates Israel als notwendig und unerlässlich für die Juden der Welt, die einen eigenen Staat brauchen, wo sie sich sicher und unbedroht fühlen können. Wie befreiend, sich endlich nicht als Minderheit fühlen zu müssen, sondern als gleichberechtigt im eigenen Lande!

In ihrem eigenen Land würden sie sich sehen können "als Teil einer universellen Bewegung, die darauf abzielt, die Welt zu heilen, für die Schwachen zu sorgen, nach einer mehr egalitären Gesellschaft zu streben", wie einer schrieb. Ein anderer erwartete "ein Gefühl der sozialen Solidarität" und ein Gefühl der Gemeinschaft, "einen Platz der Gerechtigkeit, das der Unabhängigkeitserklärung Israels gerecht wird", sagt ein anderer. Ein Schreiber spricht von seinem Traum vom Frieden, Gleichheit und Gerechtigkeit und fühlte sich zerrissen zwischen seinem Engagement für den Zionismus und der Entfremdung von seiner Heimat. Ein anderer sucht "die moralische Logik des jüdischen Staates bei der Koexistenz zwischen Palästinensern und israelischen Juden." Es bestand die Hoffnung, dass der Zionismus „den mittleren Weg" einschlagen und sowohl Messianismus als auch territoriale Ausbreitung vermeiden and statt dessen einen allmählichen Fortschritt und Versöhnung zwischen Juden sowie zwischen Juden und Arabern, erreichen würde. Dies würde volle Gleichstellung und Integration von Israels Minderheiten als Test der israelischen Demokratie einschliessen.

Niemand erwähnt den dem Zionismus anhaftenden Mythos, der "ein Land ohne Volk für ein Volk ohne Land" versprach, obwohl es nun ziemlich offensichtlich ist, dass das Land von anderen Menschen zuvor dicht besiedelt war. Die Pogrome und der Holocaust wurde "eingebrannt in ihren Seelen" in den Jahren ihrer Jugend. Es wurde auch nicht erwähnt, dass das vermeintliche Recht auf Heimat in Israel in alten Stammes-Mythen verankert war, die von der Torah als historische Fakten weitergegeben wurden. Die archäologischen Entdeckungen der letzten Jahre nagen an der Rechtfertigung des Zionismus, aber sowohl Fundamentalisten als auch liberale Zionisten akzeptieren ohne Zweifel die historischen Rechtfertigungen, wie sie von der Torah präsentiert werden. Die

Identität der Zionisten, ihre historischen Perspektiven, Grundüberzeugungen und ihren Stolz werden vom Zionismus definiert. Alle Autoren akzeptieren als absolut notwendig die historische Notwendigkeit der Schaffung und den Fortbestand Israels. Und die meisten Autoren glauben, dass Israel notwendigerweise ein jüdischen Staat sein muss. Etwas anderes zu glauben wäre unerträglich.

Aber was wurde aus dem zionistischen Traum?

Während einige Autoren versäumen, Probleme mit illegalen jüdischen Siedlungen in den besetzten Gebieten, die Unterdrückung von anderen Menschen und die Tatsache eines jüdischen, demokratischen Staat mit nicht-jüdischen Bürgern zu erwähnen, sind viele jedoch von der politischen Macht der ultranationalen Fundamentalisten ernsthaft beunruhigt, und viele sehen dies als Risse, deren Vergrösserung sie mit eigenen Augen sehen. "Die Besatzung ist ein Geschwür, das uns auffrist", sagt einer, "tief beunruhigt durch die israelische Politik" wie die Ausweitung der Siedlungen, Aneignung von palästinensischem Land und die Beschränkungen auf Freiheit und Handel der Palästinenser. Man spricht von "Tribalismus" und fürchtet die Aktionen von den ultra-orthodoxen, einem kleinen, aber wachsenden Teil der Bevölkerung, denen bei der Staatsgründung außerordentliche politische Macht gegeben wurde. Eine andere Auffassung ist, dass Israels Sicherheit mehr von innen als von aussen bedroht ist durch die antidemokratische und sogar rassistische politische Kultur, die infolge der Besetzung in Israel entstanden ist. All dies schafft ernsthaftes Unbehagen, eine "Krankheit" in liberal-denkenden Juden, humanistisch eingestellten und religiösen gleichermaßen, Einwohner in Israel sowie in anderen Ländern, mit dem Resultat, wie ein Autor berichtet, dass Tausende von Israelis jedes Jahr zu anderen Ländern übersiedeln. Der Blog "Abrahamonline" schreibt, dass schätzungsweise 70 Prozent der Israelis einen zweiten Pass haben, wobei Deutschland das beliebteste Land für alternative Staatsbürgerschaft ist -- ein überraschendes Zeichen und scheinbar im Widerspruch zum Zionismus und der israelischen Geschichte.

Fast alle Autoren stimmen überein, dass Israels fortdauernde Unabhängigkeit eine Einigung mit Palästinien braucht, um der schwächenden Feindseligkeit und dem Blutvergießen ein Ende zu bereiten. Dies ist nicht nur zum Vorteil für die Palästinenser. In der Tat ist es wichtig für Israels Bestehen als jüdischer Staat, da es geschätzt wird, dass die Bevölkerungszahlen der beiden Menschengruppen bald Parität erreichen werden. Nach Jahren des Bauens von jüdischen Siedlungen in den besetzten Gebieten und der Ablehnung eines palästinensischen Staates wird die Möglichkeit einer einstaatlichen Lösung für Juden und Araber mit großer Angst betrachtet. Sie würde den begehrten jüdischen Charakter Israels zerstören, und doch herrscht eine wachsende

Übereinstimmung, dass ein palästinensischer Staat nicht in Israels und dem Interesse der weltweiten jüdischen Gemeinde ist.

Ein Autor beschreibt seinen Zionismus als einen säkularen Nationalismus, spricht über den doppelten Charakter des jüdischen Volkes. Israel ist eine Nation und auch eine sogenannte Gemeinschaft des Glaubens. Er postuliert, dass Staatlichkeit "erfordert, dass der jüdische Staat ein Ausdruck des Volkes, nicht des Glaubens darstellen sollte". Ist dies ist ein Versuch, "Trennung von Staat und Kirche" vorzuschlagen?

Ein großer Teil der Bevölkerung sieht offenbar die politische Situation in Israel als große Sorge, die "ihre Seelen zerreißt". Sie wünschen einen jüdischen Staat, der "seine eigene palästinensische Bevölkerung ehrenvoller behandelt, effektiver sein Bildungssystem reformiert, und energisch mehr soziale Gerechtigkeit fordert, im Einklang mit den jüdischen Werten, die sie sehr schätzen."

Beim Durchlesen durch die Dutzenden von Essays ergeben sich drei Möglichkeiten, alle von ihnen schmerzhaft:

1. Beibehaltung des *Status Quo* mit von Ultranationalisten befürwortetem Ausbau der Siedlungen, um dann schliesslich die Gebiete in den Staat Israel zu integrieren. Israel ist ein jüdischer Staat, aber kein demokratischer Staat. In Wirklichkeit, als ein Apartheid-Staat, der Hass unter den Unterdrückten hervorbringt, wird es Israel unmöglich sein, einen Platz in der Gemeinschaft der Nationen der Welt zu finden. Die Kinder des Holocaust können sich nicht weiter

auf Geschichten ihres Leidens verlassen, ohne ihre eigenen missbräuchlichen Rollen zuzugeben.

2. Eine zwei-Staaten-Lösung mit ausgehandeltem Landtausch und der Verlagerung der Siedler nach Israel selbst, vielleicht als Teil einer Konföderation mit Jordanien. Ein Autor sagt: "Wir sollten uns nicht täuschen: zwei Staaten für zwei Völker ist keine einfache Lösung. Es ist voller Komplexität. Wo werden genau die Grenzen sein? Was werden genau die Vorschriften sein, die Übertretungen von einem der beiden Staaten auf den anderen behandeln? Was ist mit Jerusalem? Was ist mit Sicherheit und den Konsequenzen, wenn die Gegner der Teilung, von welcher Seite auch immer, dagegen handeln oder die Anordnung unterlaufen wollen?"

3. Angesichts Israels *Status Quo* ist es unwahrscheinlich, dass Palästinenser weiterhin motiviert sein werden, für eine zwei-Staaten-Lösung zu arbeiten, wenn die Bevölkerungen Parität erreichen. Logischerweise würden sie dann "one-person-one vote" wollen: einen universellen Staat aller Bürger, jüdische und arabische gleichermaßen, mit gleichen Rechten für alle. Israel wäre dann endlich demokratisch, aber nicht mehr "jüdisch".

Wie Avraham Burg in seinem Buch *The Holocaust is over – we must rise from the Ashes* schreibt, braucht Israel eine Vision, "die nichts weniger fordert als die Neuordnung einer lang verwurzelten Weltanschauung". Es reicht nicht aus, Hilfsmittel wie "Stop den Hass" oder "Versuche, die Rechte anderer zu berücksichtigen" vorzuschlagen. Die Grundlage für eine positive Zukunft muss definiert werden durch die Bereitschaft zur Prüfung und zur Hinterfragung der derzeitigen Glaubenssätze -- biblische, historische, mythische, kulturelle, zionistische -- alle basierend auf reinen Stammes-Überzeugungen. Diese Wandlung würde nicht nur den besten Interessen Israels, sondern auch der regionalen und globalen Sicherheit in der Zukunft dienen.

Von Anfang an, war der Zionismus nur ein Traum? Und jetzt, ist Israel ein Traum, der langsam verschwindet angesichts der schwierigen Entscheidungen? Israel ist heute stärker als je zuvor mit einer gebildeten Bevölkerung und Institutionen vergleichbar mit anderen entwickelten Nationen. Es zeichnet sich durch ein hohes Maß an Entwicklung und Kultur aus. Jedoch bleibt die Frage: wird es Israel gelingen, seine Zerrissenheit, Selbstbezogenheit und Selbsttäuschung, seine Mythen und die Erinnerungen an seine Vergangenheit ins rechte Licht zu rücken und dem Fundamentalismus im eigenen Land zu begegnen, damit es in die Zukunft blicken und darauf hinarbeiten kann, dass Israel schließlich in die Weltgemeinschaft der Nationen aufgenommen wird? Dann würden jüdische Werte der Gerechtigkeit und Ethik ein Segen für die Menschheit sein. Das ist meine Hoffnung. Dann könnten wir tatsächlich Frieden im Nahen Osten haben.

ANHANG

Biographie

Inge Etzbach wurde 1932 in Deutschland geboren. Auf Grund ihrer Erlebnisse während des Zweiten Weltkrieges und der Hitler-Jahre entwickelte sie eine tiefe Verbindung mit Israel und Palästinien.

Nach der Einschulung ihres jüngsten Sohnes begann Inge ein Studium am Queens College of the City University of New York und studierte Philosophy (B.A. 1985) und Politische Wissenschaften (M.A. 1991). In 1999 fand ihre Ordination als Interfaith Seelsorger statt.

Das Jahr 1987 verbrachte sie in Israel, arbeitete in einem Kibbutz und als "Volunteer for Israel" auf einem Stützpunkt der israelischen Armee. Während der naechsten Jahre war sie Mitglied verschiedener Friedens-Delegationen, hatte Besprechungen mit israelischen und palästiniensischen Regierungsmitgliedern sowie einfachen Bürgern in Israel und der West Bank und nahm an Konferenzen über den Konflikt im Mittleren Osten teil. Sie bereiste das Land auch verschiedene Male privat.

Sie hat drei erwachsene Kinder und wohnt in New York City und Copake Falls, NY.

Deconstructing the Walls of Jericho

Article originally published in
Ha'aretz in October of 1999
By Prof. Ze'ev Herzog
Tel-Aviv University

Following 70 years of intensive excavations in the Land of Israel, archaeologists have found out: The patriarchs' acts are legendary stories, we did not sojourn in Egypt or make an exodus, we did not conquer the land. Neither is there any mention of the empire of David and Solomon. Those who take an interest have known these facts for years, but Israel is a stubborn people and dösn't want to hear about it.

This is what archaeologists have learned from their excavations in the Land of Israel: the Israelites were never in Egypt, did not wander in the desert, did not conquer the land in a military campaign and did not pass it on to the 12 tribes of Israel. Perhaps even harder to swallow is that the united monarchy of David and Solomon, which is described by the Bible as a regional power, was at most a small tribal kingdom. And it will come as an unpleasant shock to many that the God of Israel, YHWH, had a female consort and that the early Israelite religion adopted monotheism only in the waning period of the monarchy and not at Mount Sinai.

Most of those who are engaged in scientific work in the interlocking spheres of the Bible, archaeology and the history of the Jewish people and who once went into the field looking for proof to corroborate the Bible story now agree that the historic events relating to the stages of the Jewish people's emergence are radically different from what that story tells.

What follows is a short account of the brief history of archaeology, with the emphasis on the crises and the big bang, so to speak, of

148

the past decade. The critical question of this archaeological revolution has not yet trickled down into public consciousness, but it cannot be ignored.

Inventing the Bible Stories

The archaeology of Palestine developed as a science at a relatively late date, in the late 19th and early 20th century, in tandem with the archaeology of the imperial cultures of Egypt, Mesopotamia, Greece and Rome. Those resource-intensive powers were the first target of the researchers, who were looking for impressive evidence from the past, usually in the service of the big museums in London, Paris and Berlin. That stage effectively passed over Palestine, with its fragmented geographical diversity. The conditions in ancient Palestine were inhospitable for the development of an extensive kingdom, and certainly no showcase projects such as the Egyptian shrines or the Mesopotamian palaces could have been established there. In fact, the archaeology of Palestine was not engendered at the initiative of museums but arose from religious motives.

The main push behind archaeological research in Palestine was the country's relationship with the Holy Scriptures. The first excavators in Jericho and Shechem (Nablus) were biblical researchers who were looking for the remains of the cities cited in the Bible. Archaeology assumed momentum with the activity of William Foxwell Albright, who mastered the archaeology, history and languages of the Land of Israel and the ancient Near East. Albright, an American whose father was a priest of Chilean descent, began excavating in Palestine in the 1920's. His stated approach was that archaeology was the principal scientific means to refute the critical claims against the historical veracity of the Bible stories, particularly those of the Wellhausen school in Germany.

The school of biblical criticism that developed in Germany beginning in the second half of the 19th century, of which Julius Wellhausen was a leading figure, challenged the historicity of the Bible stories and claimed that biblical historiography was formulated, and in large measure actually 'invented', during the

149

Babylonian exile. Bible scholars, the Germans in particular, claimed that the history of the Hebrews, as a consecutive series of events beginning with Abraham, Isaac, and Jacob, and proceeding through the passage to Egypt, the enslavement and the exodus, and ending with the conquest of the land and the settlement of the tribes of Israel, was no more than a later reconstruction of events with a theological purpose.

Albright believed that the Bible is a historical document, which, although it had gone through several editing stages, nevertheless basically reflected the ancient reality. He was convinced that if the ancient remains of Palestine were uncovered, they would furnish unequivocal proof of the historical truth of the events relating to the Jewish people in its land.

The biblical archaeology that developed following Albright and his pupils brought about a series of extensive digs at the important biblical tells: Megiddo, Lachish, Gezer, Shechem (Nablus), Jericho, Jerusalem, Ai, Giveon, Beit She'an, Beit Shemesh, Hazor, Ta'anach and others. The way was straight and clear: every new finding contributed to the building of a harmonious picture of the past. The archaeologists, who enthusiastically adopted the biblical approach, set out on a quest to unearth the 'biblical period': the period of the patriarchs, the Canaanite cities that were destroyed by the Israelites as they conquered the land, the boundaries of the 12 tribes, the sites of the settlement period, characterized by 'settlement pottery', the 'gates of Solomon' at Hazor, Megiddo and Gezer, 'Solomon's stables' (or Ahab's), 'King Solomon's mines' at Timnaóand there are some who are still hard at work and have found Mount Sinai (at Mount Karkoum in the Negev) or Joshua's altar at Mount Ebal.

The Crisis

Slowly, cracks began to appear in the picture. Paradoxically, a situation was created in which the glut of findings began to undermine the historical credibility of the biblical descriptions instead of reinforcing them. A crisis stage is reached when the

150

theories within the framework of the general thesis are unable to solve an increasingly large number of anomalies.

The explanations become ponderous and inelegant, and the pieces do not fit together smoothly. Here are a few examples of how the harmonious picture collapsed. Patriarchal Age: The researchers found it difficult to reach agreement on which archaeological period matched the Patriarchal Age. When did Abraham, Isaac and Jacob live? When was the Cave of Machpelah (Tomb of the Patriarchs in Hebron) bought in order to serve as the burial place for the patriarchs and the matriarchs? According to the biblical chronology, Solomon built the Temple 480 years after the exodus from Egypt (1 Kings 6:1). To that we have to add 430 years of the stay in Egypt (Exodus 12:40) and the vast lifetimes of the patriarchs, producing a date in the 21st century BCE for Abraham's move to Canaan. However, no evidence has been unearthed that can sustain this chronology. Albright argued in the early 1960s in favor of assigning the wanderings of Abraham to the Middle Bronze Age (22nd -20th centuries BCE). However, Benjamin Mazar, the father of the Israeli branch of biblical archaeology, proposed identifying the historic background of the Patriarchal Age a thousand years later, in the 11th century BCEówhich would place it in the 'settlement period'. Others rejected the historicity of the stories and viewed them as ancestral legends that were told in the period of the Kingdom of Judea. In any event, the consensus began to break down. The Exodus from Egypt, the wanderings in the desert and Mount Sinai: The many Egyptian documents that we have make no mention of the Israelites' presence in Egypt and are also silent about the events of the Exodus. Many documents do mention the custom of nomadic shepherds to enter Egypt during periods of drought and hunger and to camp at the edges of the Nile Delta. However, this was not a solitary phenomenon: such events occurred frequently over thousands of years and were hardly exceptional. Generations of researchers tried to locate Mount Sinai and the encampments of the tribes in the desert. Despite these intensive efforts, not even one site has been found that can match the biblical account.

151

The power of tradition has now led some researchers to 'discover' Mount Sinai in the northern Hijaz or, as already mentioned, at Mount Karkoum in the Negev. The central events in the history of the Israelites are not corroborated in documents external to the Bible or in archaeological findings. Most historians today agree that at best, the stay in Egypt and the exodus events occurred among a few families and that their private story was expanded and 'nationalized' to fit the needs of theological ideology.

The conquest:

One of the formative events of the people of Israel in biblical historiography is the story of how the land was conquered from the Canaanites. Yet extremely serious difficulties have cropped up precisely in the attempts to locate the archaeological evidence for this story. Repeated excavations by various expeditions at Jericho and Ai, the two cities whose conquest is described in the greatest detail in the Book of Joshua, have proved very disappointing. Despite the excavators' efforts, it emerged that in the late part of the 13th century BCE, at the end of the Late Bronze Age, which is the agreed period for the conquest, there were no cities in either tell, and of course no walls that could have been toppled. Naturally, explanations were offered for these anomalies. Some claimed that the walls around Jericho were washed away by rain, while others suggested that earlier walls had been used; and, as for Ai, it was claimed that the original story actually referred to the conquest of nearby Beit El and was transferred to Ai by later redactors.

Biblical scholars suggested a quarter of a century ago that the conquest stories be viewed as etiological legends and no more. But as more and more sites were uncovered and it emerged that the places in question died out or were simply abandoned at different times, the conclusion that there is no factual basis for the biblical story about the conquest by Israelite tribes in a military campaign led by Joshua was bolstered. The Canaanite cities: The Bible magnifies the strength and the fortifications of the Canaanite cities that were conquered by the Israelites: 'great cities with walls sky-high' (Deuteronomy 9:1). In practice, all the sites that have been uncovered turned up remains of unfortified settlements, which in most cases consisted of a few structures or the ruler's palace rather than a genuine city. The urban culture of Palestine in the Late Bronze Age disintegrated in a process that lasted hundreds of years and did not stem from military conquest.

Moreover, the biblical description is unfamiliar with the geopolitical reality in Palestine. Palestine was under Egyptian rule until the middle of the 12th century BCE. The Egyptians' administrative centers were located in Gaza, Yaffo and Beit She'an. Egyptian presence has also been discovered in many locations on both sides of the Jordan River. This striking presence is not mentioned in the biblical account, and it is clear that it was unknown to the author and his editors. The archaeological findings blatantly contradict the biblical picture: the Canaanite cities were not 'great,' were not fortified and did not have 'sky-high walls.' The heroism of the conquerors, the few versus the many and the assistance of the God who fought for his people are a theological reconstruction lacking any factual basis. Origin of the Israelites: The conclusions drawn from episodes in the emergence of the people of Israel in stages, taken together, gave rise to a discussion of the bedrock question: the identity of the Israelites. If there is no evidence for the exodus from Egypt and the desert journey, and if the story of the military conquest of fortified cities has been refuted by archaeology, who, then, were these Israelites? The archaeological findings did corroborate one important fact: in the early Iron Age (beginning some time after 1200 BCE), the stage that is identified with the 'settlement period', hundreds of small settlements were established in the area of the central hill region of the Land of Israel, inhabited by farmers who worked the land or raised sheep. If they did not come from Egypt, what is the origin of these settlers? Israel Finkelstein, professor of archaeology at Tel Aviv University, has proposed that these settlers were the pastoral shepherds who wandered in this hill area throughout the Late Bronze Age (graves of these people have been found, without settlements). According to his reconstruction, in the Late Bronze Age (which preceded the Iron Age) the shepherds maintained a barter economy of meat in exchange for grains with the inhabitants of the valleys. With the

153

disintegration of the urban and agricultural system in the lowlands, the nomads were forced to produce their own grains, and hence the incentive for stable settlements.

The name 'Israel' is mentioned in a single Egyptian document from the period of Merneptah, king of Egypt, dating from 1208 BCE: 'Plundered is Canaan with every evil, Ascalon is taken, Gezer is seized, Yenoam has become as though it never was, Israel is desolated, its seed is not.' Merneptah refers to the country by its Canaanite name and mentions several cities of the kingdom, along with a non-urban ethnic group. According to this evidence, the term 'Israel' was given to one of the population groups that resided in Canaan toward the end of the Late Bronze Age, apparently in the central hill region, in the area where the Kingdom of Israel would later be established.

A Kingdom With No Name

The united monarchy: Archaeology was also the source that brought about a shift regarding the reconstruction of the reality in the period known as the 'united monarchy' of David and Solomon'. The Bible describes this period as the zenith of the political, military and economic power of the people of Israel in ancient times. In the wake of David's conquests, the empire of David and Solomon stretched from the Euphrates River to Gaza ('For he controlled the whole region west of the Euphrates, from Tiphsah to Gaza, all the kings west of the Euphrates,' 1 Kings 5:4). The archaeological findings at many sites show that the construction projects attributed to this period were meager in scope and power.

The three cities of Hazor, Megiddo and Gezer, which are mentioned among Solomon's construction enterprises, have been excavated extensively at the appropriate layers. Only about half of Hazor's upper city was fortified, covering an area of only 30 dunams (7.5 acres), out of a total area of 700 dunams which was settled in the Bronze Age. At Gezer there was apparently only a citadel surrounded by a casemate wall covering a small area, while Megiddo was not fortified with a wall. The picture becomes even

154

more complicated in the light of the excavations conducted in Jerusalem, the capital of the united monarchy. Large sections of the city have been excavated over the past 150 years. The digs have turned up impressive remnants of the cities from the Middle Bronze Age and from Iron Age II (the period of the Kingdom of Judea). No remains of buildings have been found from the period of the united monarchy (even according to the agreed chronology), only a few pottery shards. Given the preservation of the remains from earlier and later periods, it is clear that Jerusalem in the time of David and Solomon was a small city, perhaps with a small citadel for the king, but in any event it was not the capital of an empire as described in the Bible. This small chiefdom is the source of the title 'Beth David' mentioned in later Aramean and Moabite inscriptions. The authors of the biblical account knew Jerusalem in the 8th century BCE, with its wall and the rich culture of which remains have been found in various parts of the city, and projected this picture back to the age of the united monarchy. Presumably, Jerusalem acquired its central status after the destruction of Samaria, its northern rival, in 722 BCE.

The archaeological findings dovetail well with the conclusions of the critical school of biblical scholarship. David and Solomon were the rulers of tribal kingdoms that controlled small areas: the former in Hebron and the latter in Jerusalem. Concurrently, a separate kingdom began to form in the Samaria hills, which finds expression in the stories about Saul's kingdom. Israel and Judea were from the outset two separate, independent kingdoms, and at times were in an adversarial relationship. Thus, the great united monarchy is an imaginary historiosophic creation, which was composed during the period of the Kingdom of Judea at the earliest. Perhaps the most decisive proof of this is that we do not know the name of this kingdom.

YHWH and his Consort

How many gods, exactly, did Israel have? Together with the historical and political aspects, there are also doubts as to the credibility of the information about belief and worship. The question about the date at which monotheism was adopted by the kingdoms of Israel and Judea arose with the discovery of inscriptions in ancient Hebrew that mention a pair of gods: YHWH and his Asherath. At two sites, Kuntilet Ajrud in the southwestern part of the Negev hill region, and Khirbet el-Kom in the Judea piedmont, Hebrew inscriptions have been found that mention 'YHWH and his Asherah', 'YHWH Shomron and his Asherah', 'YHWH Teman and his Asherah'. The authors were familiar with a pair of gods, YHWH and his consort Asherah, and send blessings in the couple's name. These inscriptions, from the 8th century BCE, raise the possibility that monotheism, as a state religion, is actually an innovation of the period of the Kingdom of Judea, following the destruction of the Kingdom of Israel.

The archaeology of the Land of Israel is completing a process that amounts to a scientific revolution in its field. It is ready to confront the findings of biblical scholarship and of ancient history as an equal discipline. But at the same time, we are witnessing a fascinating phenomenon in that all this is simply ignored by the Israeli public. Many of the findings mentioned here have been known for decades. The professional literature in the spheres of archaeology, Bible and the history of the Jewish people has addressed them in dozens of books and hundreds of articles. Even if not all the scholars accept the individual arguments that inform the examples I have cited, the majority have adopted their main points. Nevertheless, these revolutionary views are not penetrating the public consciousness. About a year ago, my colleague, the historian Prof. Nadav Ne'eman, published an article in the Culture and Literature section of Ha'aretz entitled 'To Remove the Bible from the Jewish Bookshelf', but there was no public outcry. Any attempt to question the reliability of the biblical descriptions is perceived as an attempt to undermine 'our historic right to the land'

and as a shattering of the myth of the nation that is renewing the ancient Kingdom of Israel. These symbolic elements constitute such a critical component of the construction of the Israeli identity that any attempt to call their veracity into question encounters hostility or silence. It is of some interest that such tendencies within the Israeli secular society go hand-in-hand with the outlook among educated Christian groups. I have found a similar hostility in reaction to lectures I have delivered abroad to groups of Christian Bible lovers, though what upset them was the challenge to the foundations of their fundamentalist religious belief. It turns out that part of Israeli society is ready to recognize the injustice that was done to the Arab inhabitants of the country and is willing to accept the principle of equal rights for women - but is not up to adopting the archaeological facts that shatter the biblical myth. The blow to the mythical foundations of the Israeli identity is apparently too threatening, and it is more convenient to turn a blind eye.

Prof. Ze'ev Herzog teaches in the Department of Archaeology and Ancient Near Eastern Studies at Tel Aviv University. He took part in the excavations of Hazor and Megiddo with Yigael Yadin and in the digs at Tel Arad and Tel Be'er Sheva with Yohanan Aharoni. He has conducted digs at Tel Michal and Tel Gerisa and has recently begun digging at Tel Yaffo. He is the author of books on the city gate in Palestine and its neighbors and on two excavations, and has written a book summing up the archaeology of the ancient city.

Zeitfolge

1900 BC	Abraham	Zieht nach Canaan, Gelobtes Land	
1600-1550 BC	Spaetes Bronze Alter Canaan Kultur	Armarna 1400-1350 Merenptah 1213-1203	Yahweh Ortsname in Sinai, bezieht sich auf Shasu Stamm
1400-1200 BC	Canaan unter Ägyptischer Oberherrschaft		
1300 BC	Spätes Bronze/Frühes Eisen Alter	Grosse Mycenian Trockenheit, Siedlungen in den Judän Hügeln, proto-Israelite, Auszug von Ägypten	
1025 – 926 BC	Vereinigtes Königreich von Israel	Saul, David, Salomon	Salomon erstellt Altäre für fremde Götter
950 BC	Eisen Alter	Assyrische Oberherrschaft Samaria fällt 722 Mesha stele	
900 BC	Israelische Ausgrabung Tel Rehov in der Nähe vom Jordan Fluss	Nur 2 ausländische Texte erwähnen Israel bis zu diesem Zeitpunkt(Merenptah und Mesha stele), keine Erwähnung über die Monarchie von David	Anzeichen von polytheistischen Riten

800 BC	Konzentration in der Nähe von Hebron und dem Sinai		"Yahweh und seine Asherah"
700 BCE	Tel Dan	Stele erwähnt "David's Haus"	
600 BC	Jerusalem		Silver amulet mit dem Namen von Yahweh in Hebräisch
681	Niniveh Bücherei zerstört		
585 VC	Verbannung nach Babylon	Judäischer Staat fällt einschliesslich Jerusalem	
539 BC	Rückkehr aus der Verbannung	Babylon fällt	
539 BC	Persische Oberherrschaft	Cyrus der Grosse	Früher Beginn der biblischen Tradition
300 BC	Hellenistische Oberherrschaft	Griechische Übersetzungen, Scrolle von dem Toten Meer	Pentateuch Versionen und früheste biblische Gebetsrollen
63 AD	Römische Oberherrschaft		
132-135 AD	Bar Kochba's Rebellion	Masada Verbannung	
50-500 AD	Talmudische Tradition		Mishna, Talmud, Konsolidierung von Judaism as Religion

Midrash	Bezieht sich auf die auslegende Tradition der Torah
Mishna	Sammlung von jüdischen mündlichen Gesetzen
Halakha	Die Gesetze in der talmudischen Literatur. Auslegung der Gesetzung aus der heiligen Schrift.
Palästinien	Palästinien ist eine geografische Region im Mittleren Osten. Gelegen innerhalb der Grenzen des Mandats von Palästinien, das heute hauptsächlich Israel, die Palestinian Authority, Gaza Streifen und kleine Teile von Syrien umschliesst. Zuerst erwähnt als Philistia, eine Siedlung im Südlichen Levant, die von den Philistinen ungefaehr 1175 v.Chr. gegründet wurde und in verschiedener Form bis zum Sieg der Assyrer im 8. Jahrhundert bestand.
Palästinenser	Bevölkerung von Palästinien, auch "Araber" genannt.

J, E, D, P

Der deutsche Bibelforscher Julius Wellhausen (19th Jahrhundert) war der Meinung, dass die Torah aus ursprünglich unabhängigen, parallelen und kompletten Erzählungen zusammengesetzt wurde, die dann später in die augenblickliche Form gebracht wurden. Er ordnete die einzelnen Teile als JEDP folgendermassen:

Yahwist (J), geschrieben etwa 859 BCE im Königreich Judäa, wo die Jehovah Religion entstand

160

Elohist (E), geschrieben etwa 850 BCE im Königreich Israel, wo El angebetet wurde

Deuteronimist (D), entstanden etwa 600 BCE in Jerusalem während der religiösen Reform

Priestly (P), geschrieben von Priestern etwa 500 BCE im Exil in Babylon

Diese Unterteilung half den Bibelforschern bei der Auslegung der einzelnen Bibelstellen, die je nach geographischem Ursprung und dem Jahrhundert, in dem sie geschrieben wurden, verschiedene Aussagen machten.

Resources

Atzmon, Gilad

> The Wandering Who?

Beker, Avi

> The Chosen

Barclay, J.M.G.

> Jews in the Mediterranean Diaspora

Beinart, Peter

> The Crisis of Zionism

Bennis, Phyllis

> Understanding the Palestinian-Israeli Conflict

Burg, Avraham

> The Holocaust is over – We must rise from its Ashes

Dever, William G.

> Who were the Early Israelites and Where did they come from?

Ellis, Marc H.

> Out of the Ashes

Entine, Jon

> Abrahm's Children: Race, Identity, and the DNA of the Chosen People

Finkelstein, Norman G.

    The Holocaust Industry

Finkelstein, Israel and Silberman, Neil Asher

    The Bible Unearthed

Friedman, Richard Elliott

    Who Wrote The Bible?

Goldstein, David B.

    Jacob's Legacy: A Genetic View of Jewish History

Herzberg, Arthur

    The Jews – The History and Character of a People

Jacobs, Louis

    A Jewish Theology

Kovel, Joel

    Overcoming Zionism

Neumann, Michael

    The Case Against Israel

Rose, John

    The Myths of Zionism

Rosen, Brant, Rabbi

    Wrestling in the Daylight

Sacks, Rabbi Jonathan

    To Heal a Fractured World

Sand, Shlomo

> The Invention of the Jewish People

Shahak, Israel and Mezvinsky, Norton

> Jewish Fundamentalism in Israel

Shahak, Israel

> Jewish History Jewish Religion

Shipler, David K.

> Arab and Jew

Smith, Mark S.

> The Early History of God

Sturgiss, Mathew

> Investigating the Truth of the Biblical Past

Thompson, Thomas L.

> The Mythic Past

Whitelam, Keith W.

> The Invention of Ancient Israel

Miles, Jack

> God: A Biography

Robert Wright

> The Evolution of God

www.ingramcontent.com/pod-product-compliance
Lightning Source LLC
Chambersburg PA
CBHW070011300526
45794CB00001B/273